觀人經

劉邵◎原著
曾珮琦◎譯註

好讀出版

觀人經

導讀 曾珮琦

一套品鑑人才、鑑定資質的系統

《觀人經》內容與作者簡介

《觀人經》（原名《人物志》），是三國魏初劉邵所著，為漢、魏以來中國最具有系統性的一部品鑑人物的代表性著作。劉邵，字孔才，三國魏廣平邯鄲（今河北邯鄲）人。約生於西元一六八年，卒於西元二四九年。初入仕途，擔任廣平縣計吏，歷任太子舍人、秘書郎等職。曹魏建立後，歷任尚書郎、散騎常侍。受詔命搜集五經群書，將之分門別類，編纂為《皇覽》。又參與制訂律令的工作，撰寫成《新律》十八篇。曹魏正始年間，專門講解經學，賜爵關內侯。卒贈光祿勳。

所謂品鑑人物，就是識別人物的性格、才能與品德優劣高下，其目的是要為朝廷選拔傑出的人才。換言之，就是為了朝廷任用人才的需要，選拔適合的人才，賦與與他們才能相應的職位。

劉邵就是爲了這個目的寫了《觀人經》，以儒家道統爲其判定人才高下優劣的標準，符合《中庸》之道的即具備聖人的資質才能，否則就是偏重於一方的人才，簡稱爲偏才。大多數的人都是屬於偏才類別，符合聖人標準之人從古至今寥寥無幾。《觀人經》是繼承孔子與《中庸》思想，建立的一套品鑑人才與資質高下優劣的系統性理論，針對了人的才能、性格、品德等方面作鑑賞、評論。

《觀人經》的歷史脈絡與學術背景

《觀人經》展現的是魏晉時代品鑑人物的思想，蘊含豐富的哲理性。然而，一本著作的產生必然與它所處的歷史脈絡與學術背景緊密相關，它不可能是脫離歷史脈絡而憑空出現的著作。因此我們想要了解《觀人經》的思想，必須要先了解它的歷史脈絡與學術背景。

從東漢末年、三國時期，一直到魏晉時代，都是處在一個政治黑暗的動亂時代，這個亂象是源自於東漢末年的外戚與宦官的權勢之爭。從東漢和帝開始，都是年幼的皇帝即位。且因他們年紀很小，無法親政，都由太后聽政，而太后所能依靠的只有娘家的勢力，所以就會重用外戚，導致外戚專政的局面。皇帝長大後，想要收回權力，但勢單力薄，所能信任的只有身邊的宦官，只能與宦官合作扳倒外戚，這就造成宦官專權，把持朝政的局面。

東漢靈帝駕崩後，年幼的皇帝劉辯即位，外戚何進想要誅殺當權的宦官，於是召董卓軍隊入宮，董卓軍隊尚未抵達，因消息敗露，何進被宦官所殺。袁紹因爲這件事帶兵入宮誅殺宦官，董卓抵達後，廢劉辯，改立二皇子劉協爲漢獻帝。此時的皇帝如同魁儡，權力都掌握在董卓手裡，但董卓這個人殘忍嗜殺，魚肉百姓，引發全國郡守和刺史討伐董卓的戰爭，後來聯軍互相內鬨，形成了軍閥割據的局面。

古代的讀書人大多以入朝爲官爲理想，認爲只要擔任官職就能施展抱負，所謂「學而優則仕」，但因爲朝政敗壞、官場黑暗，無論是外戚專政或是宦官弄權，以及後來那些擁兵自重的軍閥，他們都是爲了鞏固自己的權勢地位，不惜一切代價剷除對手，所以才引發一連串的戰爭，而很少有人是眞正爲了黎民百姓著想。當時的知識份子對此一現象很失望，再加上朝廷對讀書人濫施刑戮，於是紛紛放棄從政，有的乾脆選擇退隱山林，明哲保身。

因爲政治腐敗黑暗，東漢時代的許多知識份子，流行清議以抨擊時政，到了曹丕篡東漢帝位，自立曹魏以後，政治更加黑暗，這個時候讀書人怕說錯話被朝廷誅殺，所以不敢抨擊時政，而轉爲從事玄學與品鑑人物爲內容的清談學術活動。這個時期清談風氣盛行，而清談的內容就是《老子》、《莊子》、《周易》，統稱三玄。另外有一些讀書人，爲了實現理想抱負，另闢蹊徑，以不干預政事爲前提，轉而替統治者撰寫與道德實踐無關的著作，以實現自己的抱負理想。再加上，兩漢以來的官職選拔制度產生弊病，無法有效的選拔出適合的人才。到了三國時代，曹操、劉備等人欲競逐天下，需要網羅大量的人才以爲己用，幫助自己開疆拓土，這個時候如何觀察一個人的資質才能與性格品德，以遴選出合適的人才，就顯得至關重要，本書就是在這樣時代背景之下應時而生。

在思想方面，漢代董仲舒所提倡的獨尊儒學，由於經學的衰微，加上時局的動亂，所以道家、法家、名家、陰陽家等思想又再度興起。政局黑暗，一不留神就會性命不保，所以如何在亂世中全身保命的道家思想就受到重視，而名實之辯的名家思想就被應用到品鑑人物上面來，轉變成考察人物高下優劣的一個準則之一。

《觀人經》各個篇章介紹

《觀人經》一共分為十二篇，以下對每個篇章作簡略的介紹，以方便讀者快速瞭解《觀人經》架構：

第一篇〈九徵〉，劉邵認為人的性格與本質，是可以透過這個人的行為舉止、談吐儀容等外在表現來加以鑑別的，這些外在的表徵分成神、精、筋、骨、氣、色、儀、容、言等九個方面來考察，以了解人內在的性格特徵，所以稱為「九徵」。劉邵對人物的品鑑以符合《中庸》之道的人才為最高典範，這類的人是兼德的人，能夠符合這項標準的就是聖人。其次是兼才之人，同時具備數種德行才能。最末的是偏才的人，即在某一方面表現特別突出的人。

第二篇〈體別〉，劉邵認為具備中庸資質的人，應當是性格中正平和、不偏不倚，這樣的聖人是非常少見，偏才的人佔據大多數。所以他從用人的角度，分析了各種偏才之人他們在性格與才能上的優缺點，以便領導者在選拔人才時有個參考借鑑的標準可以依循。

第三篇〈流業〉，劉邵以道德、法制、權術為基礎，將輔助君主的人才分為十二種類型。敘述針對不同才能的人，分別具備哪些特徵，以符合君主面臨當時代需要大量人才的需求，方便他們選出符合他們心目中合適的人才。

第四篇〈材理〉，劉邵將天下的理分爲四種：第一種是道之理，有關天地萬物生成變化的原理原則；第二種是事之理，有關法律政治方面的原則；第三種是義之理，有關禮法制度與教化人心方面的原理；第四種是情之理，有關世態人情方面的原則。人的資質才能各有不同，不同的人才適合學習的道理也有所不同，人的氣質才能要能與上述這四種理相符合，才能成爲一方傑出的人才。

第五篇〈材能〉，本篇旨在闡述人的材質與能力之間的關係，擁有什麼樣材質的人，就應具備什麼樣的能力，根據每個人材質與能力的不同，讓其擔任適當職務，這才是對人力資源最好的運用。如果能擔當大任的人，只派他去做小事，他當然也可以勝任，但卻造成了人才的浪費。所以，大材大用，小材小用，應當依據每個人的能力去賦與他最適當的職務，才能使人才得其所用，是最恰當的用人之道。

第六篇〈利害〉，本篇旨在針對清節家、法家、術家、智意、臧否、伎倆這六種人才，在〈流業〉篇的基礎上，探討他們待人處事與從政治國的優點與缺點，更進一步深入的剖析。

第七篇〈接識〉，我們在和別人相處交往時，難以避免的會先入爲主對別人有一個高下優劣的評判，這會影響到我們對於人才的認識，這種先入爲主往往和我們自身的才能與觀點息息相關。別人的才能性格與我們相近的時候，就會很容易的接納對方；反之，則會覺得格格不入，怎樣都看他不順眼。所以，我們如果想要選拔適合的人才，首先要放下心中的成見與個人的好惡，這樣才能眞正的了解一個人的才能與價值所在，而不會產生識人不清或錯用人才的弊端。

第八篇〈英雄〉，這篇旨在闡述劉邵對英雄人才品鑑的觀點，他認爲「聰明秀出謂之英，膽力過人謂之雄。」這句話是說：「聰明毓秀的人是英，勇猛無雙的人是雄。」前者在智慧謀略上能超凡脫俗，後者則在武力膽識上有過人表現，這兩個條件同時具備的人，才能稱得上英雄。英雄型的人才可以成爲領袖人物，例如：楚漢相爭時的劉邦，最後戰勝了項羽，成就帝業，開創漢朝。劉邦懂得知人善任，在智慧上他雖不如張良、蕭何，卻能令他們心悅誠服，甘願爲他效忠；在武力上他雖不如韓信，但因爲能夠重用韓信，所以能夠得到韓信的輔佐。雖然當時的西楚霸王項羽也是英雄型的人才，但他輸給劉邦最主要就是他不懂得用人，導致底下能臣紛紛離去，有些轉而投入劉邦陣營，成爲他的助力，諸如：韓信、陳平等人。如果只具備英才與雄才其中之一，雖然能成爲該領域的佼佼者，但只能是輔佐的人才，無法成爲領導者。例如：張良才智過人，是英才的典範，可是他身體不好，不能尙武，只能跟隨在劉邦身邊輔佐他。韓信勇猛過人，是雄才的典範，但是他在智慧權謀上略遜張良一籌，所以只能輔佐劉邦，成爲帶兵打仗的將領，終究無法成爲帝王。

第九篇〈八觀〉，提出八種觀察一個人的品格與才能的方法。

第十篇〈七繆〉，指出在品鑑人才的時候，容易犯的七種錯誤。

第十一篇〈效難〉，一個領導者急需尋找適當的人才，就必須要得知人善任，然而知人善任會遭遇兩種困難，一者是知難，即知人的困難，人心難測，單憑表面上的觀察，容易被其誤導；再加上鑑別者先入爲主的觀念，也可能會有看走眼的情形發生，把蠢才當成英才；把英才當成蠢才。一者是效難，辨識出了人才，卻無法舉薦人才，使其得到任用，發揮他的才能。這就是所謂的「懷才不遇」，即便有過人的才能，卻無法被領導者認識，而無法獲得一展長才的機會。

第十二篇〈釋爭〉，人難以避開爭強好勝之心，然而一切人際關係的紛爭都源自爭強好勝，因爲想要高人一等，就必須把別人踩在腳底，但是沒有一個人願意屈居人下，於是對方就會開始反擊，到最後落入無止境的你爭我奪糾紛之中，這是社會中隱藏的亂源。歷史上許多奸臣都是因爲他們不擇手段的爲求上位，爲了獲得名利權勢而不惜傷害別人，爭強好勝，又不甘屈居人下。這種人在歷史上屢見不鮮，例如：唐朝的李義甫，他得罪宰相長孫無忌，原本要被貶離京城，後來他向高宗奏請改立昭儀爲后有功，而受到重用，後來更爲武后剷除一切反對她的勢力，不惜栽贓陷害忠良。李義甫做這些事情，是爲了能夠獲得更大的權勢，而非爲了實現政治理念，使他成爲自私自利的小人。

這些小人在爭權奪位實不擇手段，傷害許多正直善良的人，甚至連自己的同路人也都不惜傷害利用，等到大家認清他的眞面目後，就會落得眾叛親離的下場，而他的惡行被公諸於世後，更會遭到法律上的制裁，最後連性命都保不住。因此，想要獲得功成名就，只知道爭權奪利是行不通的，還必須要有「不爭」的修養，即不爭名奪利，且能夠對其他競爭者抱持寬容的態度，凡事留有餘地，是給別人活路，也是給自己活路。這種「不爭」的處世態度，是源自《老子》的思想，這也應與曹魏時期崇尚清談的風氣有關，當時知識份子喜歡談論三玄，《老子》就是其中之一。

由於篇幅有限，本書無法完全收錄全文，筆者在其中六篇做完整的詮釋解析，分別是〈九徵〉、〈體別〉、〈流業〉、〈材理〉、〈八觀〉、〈七繆〉。〈九徵〉、〈體別〉、〈流業〉、〈材理〉這四篇是《觀人經》品鑑人物的基礎，透過這四篇可以看出劉邵所建立辨識人物的理論性架構；〈八觀〉、〈七繆〉這兩篇則可視爲是品鑑人物的具體運用，針對在辨識人物上遇到實際情況，以及大家常犯的錯誤做詳細的解說。

本書在每段原文後都附上白話翻譯，並以歷史故事來佐證，帶領讀者了解本書的思想。筆者在原文的翻譯上，採取的是以上下文意所形成的語文脈絡來做詮釋，而非只著重於字面上的理解。因爲一個字、一個詞乃至於一句話的形成，有它獨特的語文脈絡，必須放在這個脈絡去理解，才能做出較爲貼近經典原文的詮釋。此外，本書的歷史故事是參照正史，並根據《觀人經》的思想脈絡撰寫出來的小品故事；換言之，本書是以歷史故事作爲詮釋的手段，其目的在於幫助讀者掌握《觀人經》的原文，而非鉅細靡遺的將歷史事件的發生過程敘述一遍，因爲歷史事件有其發生的社會背景與情境脈絡，這與《觀人經》的思想脈絡不可能完全一致，爲了以歷史故事來作爲《觀人經》的思想詮釋，無可避免的會有些虛構的成份，但這是建立在不扭曲歷史的基礎之上。在參考書籍方面，本書主要依據二十四史與清史稿，並輔以《世說新語》和《太平御覽》等書改編成白話的歷史故事，在取材方面堪稱可信。

觀人經

目次

CONTENTS

聰明之所貴，莫貴乎知人

序

（三國）劉邵

夫聖賢之所美，莫美乎聰明；聰明之所貴，莫貴乎知人。知人誠智，則眾材得其序，而庶績之業興矣。

是以，聖人著爻象則立君子小人之辭，敘《詩》志則別風俗雅正之業，制《禮》、《樂》則考六藝祇庸之德，躬南面則授俊逸相之材，皆所以達眾善而成天功也。

天功既成，則並受名譽。是以，堯以克明俊德爲稱，舜以登庸二八爲功，湯以拔有莘之賢爲名，文王以舉渭濱之叟爲貴。由此論之，聖人興德，孰不勞聰明於求人，獲安逸於任使者哉！

是故，仲尼不試無所援升，猶序門人以爲四科，泛論眾材以辨三等。又嘆中庸以殊聖人之德，尚德以勸庶幾之論。訓六蔽以戒偏材之失，思狂狷以通拘抗之材；疾悾悾而信，以明爲似之難保。又曰：察其所安，觀其所由，以知居止之行。人物之察也，如此其詳。

是以敢依聖訓，志序人物，庶以補綴遺忘；惟博識君子，裁覽其義焉。

【譯文】

聖賢受人讚揚之處，莫過於他們的智慧；智慧之所以寶貴，莫過於能夠辨識人才。唯有能夠確實辨識人的才能高低，就能使得不同的人才，根據他們才能的高下優劣獲得適當的職位，如此就能讓各行各業興盛發達起來。所以，古代聖人著作《周易》以分辨君子與小人的差異，陳述《詩經》的意旨，用以區別民歌與雅樂的俚俗高雅之別，制定禮儀與音樂以考察人物的六藝與德行高低。帝王身居王位，選拔傑出的人才來輔佐，就能集眾人之所長，成就上天所賦與的功業。

上天的功績得以成就，就能獲得聖王賢君的美名。所以，帝堯任用品行良好的賢才之士受到人民的稱頌，虞舜任用當時的傑出之士而建立不朽功業，商湯破格提拔伊尹揚名天下，周文王拜姜子牙爲師而顯貴。由此可知，聖人開創盛世，哪一個不是費心的去網羅人才，將治理國家的重責大任託付給他們以獲得長治久安的？

所以即使孔子沒有得到諸侯各國的任用，無拔擢人才的權力，他仍然將門下弟子依照德行、語言、政事與文學四科來排序，將人才分為生而知之、學而知之、困而學之三個等次。他讚嘆中庸之道，稱頌聖人德行，藉以推崇高尚的德行，以鼓勵那些有可能培育成材的人。孔子以六種弊端訓誡世人，不可偏於某方面品德才能的培育；特別點明激進與保守兩種性格各有所偏，以疏導拘謹與亢進兩種類型的人性格上的缺失。他特別憎惡那些外表看似誠懇卻不講信用的人，因為這種表裡不一的人，是無法受到別人的信賴而委以重任的。

孔子又提出觀人的三點原則：先看對方做了什麼事、了解他如此行為舉措的目的、觀察對方的行為是否心安理得，以歸納出他的人格特質。聖人對於人物的考察，已經有如此完備的論述。所以，我才敢依照聖人的教誨，將人物的德行與才能按照高低優劣排序與記錄，以補充前人缺漏的地方；希望博學多聞的君子能裁鑑品評其中的奧義。

九徵卷

平陂之質在於神，明暗之實在於精，勇怯之勢在於筋，彊弱之植在於骨，躁靜之決在於氣，慘懌之情在於色，衰正之形在於儀，態度之動在於容，緩急之狀在於言。其為人也：質素平澹，中叡外朗，筋勁植固，聲清色懌，儀正容直，則九徵皆至，則純粹之德也。九徵有違，則偏雜之材也。

原文

蓋人物之本，出乎情性。情性之理，甚微而玄；非聖人之察，其孰能究之哉？

譯文

人物的本質在於才能性情。才能性情的眞相，十分玄妙、深不可測；若無聖人的慧眼，又有誰能夠深究其本源？

事典

心口不一的蹇材望

蹇材望是南宋的副知州，元軍快要打過來時，他信誓旦旦的說：「我寧願爲國捐軀，也絕對不做背叛國家，貪圖富貴的事情。」他還特地打造了一面大錫牌，在上面刻著：「大宋忠臣蹇材望。」又拿兩錠銀子在上面鑽了兩個小洞，用繩子連同錫牌一併穿起來，在上面寫著：「如果有人尋獲到我的屍體，請代為埋葬，這兩錠銀子聊作埋葬的費用。」他每天都把錫牌懸掛在腰間，等待元軍攻進城來，他對外宣稱要跳河自殺，以表示對國家的忠誠。他遇到人就把這個想法對他說，不久，地方上的人都聽說了此事，他們都覺得蹇材望是個忠臣良將，國家要滅亡了，他願意隨之殉葬，大家都很佩服他。

等到元軍真的攻陷城池，蹇材望卻不知去向，大家以為他一定是跳河自盡了。沒多久，他就穿著蒙古的裝束騎著馬回來了，看起來意氣風發。原來是他早在元軍進城的前一天就出城投降，元軍任命他為本州的同知，當地的人都知道了這件事。

有人問他說：「在元軍進城前，大人不是信誓旦旦的說要以身殉國，表明自己對大宋的忠誠嗎？怎麼轉眼間，就成了蒙古人的手下了？」蹇材望說：「你沒聽過一句話叫做『識時務者為俊傑』嗎？大宋滅亡已經是既定的事實，就算我以身殉國也沒辦法改變這件事，那為何不為自己做長遠的打算呢？反正，無論我投降與否，蒙古人都會打來，那又何必白白犧牲一條寶貴的性命呢？」那個人又問：「既然如此，那為何大人先前又到處對人宣揚自己要以身殉國的事情呢？難道只是故作姿態給別人看嗎？」蹇材望說：「我原先是打算要殉國的，但是後來想想實在不太划算，所以我最後又改變主意了。」

人物

蹇材望，南宋湖州（今浙江省境內）的副知州，見宋朝大勢已去，在守城被元軍攻陷前一日投降，後被任命爲湖州同知。

釋評

人的才能優劣是由情性來決定的。「情性」，是指天生自然的本質，這個本質是由具體的情感狀態來展現。換句話說，每個人的性格是一生下來就決定，而性格又是表現在喜怒哀樂的情感上。性格固然是天生的，但是由於後天的生活環境、教育背景、生活習慣等等，會決定一個人的情感變化。性格與情感變化是非常抽象的，沒有具體形象可以了解，完全沒有脈絡可循，除非具有聖人的智慧，否則是沒有辦法洞察人內在的才性。

這一點可由蹇材望的故事可以明顯看出，他是一個很會做表面功夫的人，表面上裝作一副忠心耿耿的樣子，眼看國家快要滅亡了，就到處跟人說他要殉國。誰知元軍眞的打來了，他卻迫不及待的跑去投降，那些相信他會殉國的人都被他的演技給欺騙了。

所以，人內心的情感是變動的，就像蹇材望這樣，表面上說要殉國，私底下又去投降，當地的百姓鄉親們全都被他的僞裝給欺騙，等到他穿著蒙古裝束進城後才知道他是一個心口不一的小人。人內心的眞實想法，是毫無蛛絲馬跡可循的，因爲「人心隔肚皮」，你永遠無法得知對方的眞實想法。

名人佳句

畫虎畫皮難畫骨，知人知面不知心。

這句話是明代的馮夢龍寫下的，摘錄自《喻世明言·卷一·蔣興哥重會珍珠衫》。意思是說：「看一個人的外表是很容易的，但要了解一個人內心的真實想法，卻是非常困難的。」人心是最難揣測的東西，可謂是瞬息萬變，而且非常抽象，幾乎不可把握。因為一個人嘴上說的，與實際的行動可能會有極大的落差，在他行動之前，很難準確預測其動向。

原文

凡有血氣者，莫不含元一以爲質，稟陰陽以立性，體五行而著形。苟有形質，猶可即而求之。

譯文

凡是具有血氣的人，皆是稟受於上天而擁有的材質，故人的情性有陰陽剛柔之分，以金木水火土五種元素構成人的形體肌理。可以透過人的形體材質，看出人內在的本質。

事典

知人善任的管仲

管仲是春秋時代的法家代表人物，齊桓公在位時他擔任宰相，桓公尊稱他爲「仲父」。

有一次，管仲病危，齊桓公前往探視，問他說：「仲父的病情看起來很嚴重，如果您不幸病逝，寡人要將國政託付給誰呢？」管仲說：「難道大王心中就沒有適當的人選嗎？」桓公說：「說到知人善任，了解每個人的稟性才能，寡人實在不如仲父。不過人選，寡人心中倒是有一個，仲父覺得鮑叔牙這個人怎麼樣？」管仲回答：「鮑叔牙確實是一個君子，絕對不是那種爲了利益就能違背自己原則的人。雖然如此，他這個人太嫉惡如仇了，只要見到一個人犯了過錯，就會記住一輩子，誰沒有犯過錯誤呢？如果一個滿腹才華的人，因爲做錯一件事，而終身不被錄用，那麼國家將會平白無故損失重要的人才，這樣的人不適合主持國政。」桓公說：「那麼還有誰合適呢？」管仲說：「隰朋可以代替臣的職務。」桓公問：「怎麼說呢？」管仲回答：「隰朋是一個心懷仁愛的人，他爲人深謀遠慮，又不恥下問，虛心求教。若他主政，必然以仁愛教化民眾，使百姓心悅誠服。重要的是，他十分的忠君愛國，能夠兼顧國政與家務。且他爲善不欲人知，這樣的人是最適合的人選。」

桓公又問：「如果寡人不幸失去仲父這樣傑出的人才，靠齊國這幾位大夫，還能讓國家安定嗎？」管仲回答：「大王今日怎麼一直問個不停呢？難道大王自己沒有判斷的能力嗎？」桓公說：「寡人雖然擁有齊國，但對於了解每個人的才能特質這一點上，實在沒有仲父觀察入微，深怕用人不當，耽誤國政，還請仲父不吝告知。」管仲說：「這樣的話，那臣就替大王分析一下吧！鮑叔牙這個人太過正直，不知道權衡變通；賓胥無爲人善良；寧戚辦事能力很強，孫宿能言善道。」桓公說：「這四個人皆是人中之龍，只要得其一，就已經是很難能可貴。寡人同時得到這四個人的輔佐，卻還是不能讓國家安定，這是爲什麼呢？」管仲說：「這是因爲這四個人各有其缺失，鮑叔牙爲人雖然正直，可是卻不能爲了國家的利益而違背自己的原則；賓胥無爲人善良，也不會爲了國家的利益而放棄自己的善；寧戚行動力很強，卻不能適可而止；孫宿雖然善於言辭，一旦開口就停不下來，就算對方已經被他說服，也仍然滔滔不絕說個沒完。治國的才能，這四個人都不如隰朋，若臣眞不幸病逝，希望大王能任用隰朋爲宰相。」桓公說：「就按照仲父說的去做吧！」

管仲病逝十個月後，隰朋也接著過世了。桓公失去適合的輔佐人才，又聽信易牙、豎刁等小人的讒言，桓公死後齊國便陷入內亂，他的六個兒子都忙於爭奪國君之位，導致桓公死後六十七天都不曾入殮，九個月沒有安葬。任用適當的人才可以使國家安定；若選用錯誤的小人，則會使國家陷入危亂，可見知人善任何等重要。

人物

管仲，原名管夷吾，春秋齊國潁上人。生於西元前七二五年，卒於西元前六四五年。年幼家貧，和鮑叔牙是知己好友。管仲起初輔佐公子糾，後來鮑叔牙輔佐公子小白即位，是爲齊桓公。管仲還曾射殺齊桓公，但沒有得逞。最後透過鮑叔牙的舉薦，齊桓公不計前嫌任用他爲宰相，還尊稱他爲「仲父」。管仲尊王攘夷，匡扶天下，建立不世功勳。他崇尚法家思想，是法家的代表人物之一。其思想言行記錄在《管子》中，傳揚至今。

釋評

這裡劉邵是透過「元一」、「陰陽」、「五行」等概念來闡述人的才能與性格之特質。「元一」，所表示的是人的才能與性格是稟受於天，人內在的氣質由上天所賦與，表現在人內在的性格上。一生下來就已經決定的，具有其特殊性，每個人都不盡相同。人的性格又可分爲陰陽，陽指的是陽剛、正直等特質；陰指的是柔順、圓滑等特質。人的形體是由金木水火土等五行所構成，此五行分別對應人的肌理筋骨，本書後面會詳細解釋。有了這些具體的才能性格，就可以探究人的本質，了解每個人的特殊才能與性格。只有掌握了人的本質，君主才能根據每個人的特殊才能與性格授予相應的職位，如此才能讓每個人發揮其特質專長；反之，若是無法掌握人的才能與性格，那麼很可能會把他們放在不適當的職務上，如此一來他們就無法發揮應有的才能，那麼就不可能把國家治理好，所以知人善任是十分重要的。

這一套理論是由漢代董仲舒對宇宙生成根源的理解發展而來，只不過劉邵所關注的並非是宇宙起源的問題，而是旨在探討上天所賦與每個人特殊的才性，透過「陰陽」、「五行」等形成具體形質，因此只要掌握人的性格特質，就能了解人內在的本質。

名人佳句

善於發現人才，團結人才，使用人才，是領導者成熟的主要標誌之一。

這句話摘錄自前中華人民共和國領導人鄧小平在一九八五年三月七日全國科技工作會議上發表的〈改革科技是為了解放生產力〉演講中。意思是說：「一個稱職的領導人，應當擅長培育、發掘人才，並將這些人才團結在一起，使他們發揮最高的才能，才可以使得國家富強。」無論古今，任用人才是每個領導人最重要的課題，想要選用適當的人才，必須要先能夠瞭解每個人的性格與特殊專長，然後將他們團結在一起，放在合適的崗位上，才能讓每個人的能力發揮最大的功效，這是國家富強的不二法門。所以領導者必須屏棄個人的成見，以國家的利益為最優先考量，尋找並培育適當的人才。

原文

凡人之質量，中和最貴矣。中和之質，必平淡無味；故能調成五材，變化應節。是故，觀人察質，必先察其平淡，而後求其聰明。

譯文

人的素質涵量，以中和資質最難能可貴。中和資質的特性是，不偏不倚，和諧圓融；因爲具備這樣的特質，所以可以與忠、勇、仁、智、信五種才德互相調和，在待人處世上不會違背禮節法度。所以，觀察人的素質，一定要先觀察他是否具有此不偏不倚的氣質特性，其次才是看人是否聰明。

事典

仁愛教民的帝嚳

帝嚳是中國古代傳說中的賢君，位列三皇五帝之一，是黃帝的曾孫。帝嚳天賦異稟，他一生下來就能說出自己的名字，當時的人都覺得很驚異，認爲他是一個神童。

他長大後，更顯得聰明睿智，能明察是非，洞察入微。即帝位後，更是愛民如子，凡是有人來請求幫助，他從來不考慮自己的利益，只要是對百姓有利的事，一定去做。他對待百姓非常仁愛，待人十分眞誠，並嚴格的要求自己，只要犯了過錯必定會反省，所以天下的百姓都對他心悅誠服。有親信問他說：「您施恩於百姓，只要百姓有求於您，您絕對不會拒絕，即便幫助他們對您自身沒有任何的好處，您還是不遺餘力的去幫助他們，這是爲什麼呢？」帝嚳回答：「身爲一名稱職的君主，應當了解民眾的需要，將自身的利益放在最後，盡其所能的去幫助他們，這也是順應上天所賦與朕的天命。」

他在施政上頗有功績，教導人民按照四季節氣的變化播種、耕種、收成，將收穫的作物有節制的利用，不浪費農民辛苦耕種的糧食。並以仁愛教導百姓，在施政上總是以百姓的利益爲最大考量。帝嚳觀察日月的運行修訂曆法，對聖賢鬼神十分敬畏，並且恭敬的侍奉祂們。他外出巡視的時候，總是穿著平民百姓的衣服，有人問他說：「帝王身分尊貴，您爲何不穿戴絲綢錦緞，要穿著百姓的衣服呢？」帝嚳回答說：「一個國家如果沒有百姓，即使是君王也不過是個虛名罷了。華美的衣服固然令人喜愛，但朕穿著百姓的衣服，是要提醒自己，當一名稱職的君主，必須要放下自身的榮耀，設身處地的爲百姓著想，了解人民的需求。只有百姓豐衣足食了，才是賢君的光榮所在。」

帝嚳對待百姓很和善，絲毫沒有帝王的架子，治理天下也非常公正廉明，各地的百姓都對他心悅誠服。

人物

帝嚳，中國傳說中的三皇五帝之一。生卒年不詳。黃帝曾孫，名夋，十五歲輔佐五帝之一的顓頊，受封於辛，在顓頊之後繼任為王，號高辛氏，建都於亳，在位七十年。帝嚳娶陳豐氏的女兒，生了一個兒子名為放勳。又娶娵訾氏的女兒，生摯。帝嚳駕崩後，摯繼承其帝位，在位期間不受百姓愛戴，後禪讓帝位給放勛，即帝堯。

釋評

人的素質涵量，最上乘的就是「中和」。什麼是「中和」呢？這是一種不偏不倚，圓融和諧的狀態，擁有這種特質的人性格不會過於極端。上文所說，人的性格分為陰陽剛柔，有些人陽剛太過，待人處世上則太過正直、嚴苛而不知變通；有些人則陰柔太過，處世則太過優柔寡斷，失去自我的判斷能力，這些都是性格有所偏差的表現。中和資質的特性，能夠調和忠、勇、仁、智、信五種才德，在待人處世上不會違背這五種才德，也不會做出悖理亂性的事情。所謂「平淡無味」是相對於偏差極端的性格特質來說的，因為待人處事不會有失偏頗，性格上不緩不急，做事也切合禮節法度、中規中矩，表現出來的樣貌是謙恭有禮、溫和有風度。這種「中和」的資質，是品鑑人物中最高的典範，也是聖人才具備的特質，是一種理想的人格素質。

名人佳句

喜怒哀樂之未發，謂之中；發而皆中節，謂之和。

這句話是戰國時期孔伋（子思）所說的，摘錄自《中庸》。意思是說：「喜怒哀樂等情感，在心中尚未發動前，稱為中；在心中發動之後，皆符合禮節法度，稱為和。」喜怒哀樂是每個人生而本有的情感，適當的宣洩情感是合宜的，若過度宣洩情感則會陷溺於情感中而無法自拔，甚至會傷害自身與他人，所以子思訓誡後人要適當的宣洩情感，不要違背禮儀法度，能夠做到這一點就能達到聖人的境界。

原文

聰明者，陰陽之精。陰陽清和，則中睿外明；聖人淳耀，能兼二美。知微知章，自非聖人，莫能兩遂。

譯文

耳聰目明，是陰陽的精髓所成。陰陽二氣清明平靜，內心充滿睿智外表聰慧明朗；聖人的光輝十分耀眼，可以兼備平淡與聰明這兩種美德。聖人能夠洞察入微，了解深奧隱晦的道理，如果不具備聖人之資，則無法兼顧這兩種美德。

事典

孔子問禮於老子

春秋時代的孔子是儒家學派的代表人物，他一心想弘揚仁愛思想，想要在政治上恢復周朝的禮樂制度，認爲這套禮樂制度是最好的治國方針，只是當時的人都不認同他的理念，認爲禮樂制度已經過時，不適合用來治理百姓。但是孔子並沒有因此而放棄自己的理想。

在當時與孔子同樣聞名的思想家是老子，他是道家學派的代表人物，是一位具有智慧的學者。有一次，孔子聽說老子在周朝的洛邑（今河南洛陽），於是便前往向老子請教他對禮的看法。孔子說：「當今天下大亂，諸侯國都想取代周天子成爲霸主的地位，我認爲只有恢復舊有的禮樂制度，才能使天下井然有序，讓百姓過上安樂的日子。」老子說：「你所說的禮樂制度，制定它的人早就死了，他的骨頭都可以拿來打鼓了，只留下文字與論述而已。君子處亂世，若是逢其時就出來做官，若身處亂世就隱居起來獨善其身。我聽說善於經商的商人，有珍貴的貨物就收藏起來不輕易對外展示，有德的君子將自己的德行藏於胸中，不輕易對人展現他的聰明才智，看起來就好像愚笨的人一樣。你的問題就在於太過驕傲，總以爲自己的見解是正確的，別人都應當認同你的見解；而且你的欲望太多了，你想濟世救民，可是天下之大，百姓之多，哪裡是僅憑你一人之力就能救得了的呢？驕傲之氣與欲望太多，這兩個對你自身都沒有任何好處，我沒有什麼可以告訴你的，唯有這點忠告而已。」孔子又和老子談論了許多問題，老子始終都和顏悅色，沒有一點煩躁不安。孔子就問：「先生難道沒有喜怒哀樂這些情緒嗎？我聽說您的朋友過世了，可是您只是去弔唁一下就走了，看起來並沒有很悲傷，難道您不會難過嗎？」老子回答說：「生死是自然的現象，每個人都必須要面對的，我那個朋友只不過是順應自然，回到他應該去的地方而已，爲什麼要覺得難過悲傷呢？而且，喜怒哀樂這四種情緒每個人都有，只需適當的宣洩即可，若是大喜大悲不僅會讓心沉溺在負面的情緒之中，也會在不知不覺中傷害到身邊的人，所以適當的表現喜怒哀樂即可，不必過度的顯現出來。」

孔子回去後，弟子們都很好奇老師這趟是否有所收穫，紛紛前來詢問孔子此行的感想。孔子就對他的弟子們說：「鳥這種動物，我知道牠能夠在天空中飛翔；魚這種動物，我知道牠能夠在水裡游泳；山間的野獸，我知道牠們能夠奔跑。會跑的可以用網子去捕捉牠，會游水的可以用線去釣牠，會飛的可以用箭去射牠。但是龍這種動物，我無法具體的掌握牠的能耐，牠可以乘風駕雲在天空中自由自在的翱翔，這樣深不可測的動物是我無法捕捉的。我見到了老子，覺得他這個人就和龍一樣難以捉摸，深不可測。」弟子們就問：「老子眞的有老師說的這麼玄妙高深嗎？我聽說他只是擔任東周王朝的圖書管理員這樣的小官而已，如果他眞的如老師您講的這麼厲害，爲什麼周天子不聘用他當宰相呢？」孔子說：「那是因爲他並不想獲得高官厚祿，那些名利權勢對他來說如同天上的浮雲一般，轉瞬即逝。老子這個人，是一個明白通透的人，無論是心中的智慧，或者表現出來的行爲舉止，都是一個大智大慧的聖賢君子。即便他不說，可是他內心對事態人情的觀察，早已洞察入微，看得非常詳細深入，這一點連我都自嘆不如啊！」

人物

李聃，名耳，字伯陽，世人尊稱爲「老子」。春秋時代楚國苦縣（今河南省鹿邑縣）人。曾任周朝守藏室史，守藏室蒐藏天下典籍，類似今之國家圖書館。其學說主張虛靜無爲的治理天下之道，後世尊爲道家始祖。《史記》記載孔子曾向老子問禮。老子著有《道德經》五千餘言。後道教尊奉老子爲太上老君，爲道教的始祖。

釋評

唯有聖人才具備中和的資質，這種資質的特色有二：一是「平淡無味」，即性情不溫不涼，不會過於急躁，也不會過於冷漠，喜怒哀樂等情感總是能宣洩得恰到好處，不會因自身的情緒宣洩不當，傷害自己又傷害別人。二是「清和之明」，這是說聖人的聰明智慧宛如一種光明，這種光明可以遍照萬物，萬事萬物在他的聰明睿智之光的照射下皆能清楚明朗，這種光芒的特色是不偏不倚。聖人不僅僅是給人一種聰慧明達的樣貌，內心亦是聰明睿智，可以洞察入微，看到一般人所不能見到的玄妙隱晦的道理。內心與外表皆是明達通透，淵博靜止，此是形容主觀心境如同一面鏡子一般，可以映照萬事萬物，看到普通人所看不到的道理，所以聖人具有遠見，能夠高瞻遠矚。如果不具備聖人的中和之資，是無法兼備「平淡無味」與「清和之明」這兩種特點。

名人佳句

耳司聽，聽必順聞，聞審謂之聰。目司視，視必順見，見察謂之明。

這句話是春秋時代管仲說的，摘錄自《管子．宙合篇》。意思是說：「耳朵的功能是聆聽聲音，聽覺必須順從所聽見的聲音，能夠審察辨別耳朵所聽見的聲音稱為聰。眼睛的功能是看見東西，眼睛必須順從所看見的事物，能夠審察辨別所見的東西稱為明。」這句話是對聰明下定義，所謂「聰明」是指能夠讓眼睛發揮看的功能，讓耳朵發揮聽的功能，不要因為心受到蒙蔽，而使得眼睛看不清楚，耳朵聽不真切。眼睛能夠看得真切，耳朵聽得清楚，並且審查辨別所聽所見的東西，就是聰明。聰明總是跟智慧關聯在一起的，眼睛看得真切，耳朵聽得清楚，並且能專心的思考，這樣才能看清楚事情的真相。

原文

故明白之士，達動之機，而暗於玄機；玄慮之人，識靜之原，而困於速捷。猶火日外照，不能內見；金水內映，不能外光。二者之義，蓋陰陽之別也。

譯文

所以能將問題看得清楚明白的人，必能通曉行動的關鍵時刻，卻無法深思熟慮；能夠深思熟慮的人，可以看清楚問題的來源，卻不能行動敏捷。就如同火光與太陽能照清事物的外表，卻無法照出事物的內裡；金鏡和水面可以映射事物影像在其中，卻不能放出光芒照清事物的表面。這兩者的限制與區分，正是陰與陽的差別。

缺乏深謀遠慮的蕭何

漢代開國功臣蕭何，是一個足智多謀的謀士，劉邦自立漢王，拜蕭何爲丞相，平定天下後，蕭何受到的封賞最多。韓信也是輔佐漢高祖劉邦的開國功臣之一，他雖然被封爲淮陰侯，但他知道劉邦妒忌自己的才能，早有除掉他的想法，故時常稱病不去早朝。蕭何早就看出來韓信有反叛之心，他功高震主，必不甘心久居人下。劉邦對此感到很憂慮，就對蕭何說：「先前韓信收留項羽逃亡的將領鍾離昧，足見他有謀反之心，雖然他後來殺了鍾離昧獻上頭顱，可是朕仍覺得韓信活著的一天，就有如芒刺在背，依丞相看該如何是好？」蕭何回答說：「現在天下剛剛平定，各地局勢還不穩定，韓信又是有功之臣，他如果不起兵作亂，陛下貿然殺他師出無名，反而被天下人唾罵。」劉邦說：「就是爲了安撫他，朕才封他爲淮陰侯，但區區一個淮陰侯豈能滿足得了韓信的野心。」蕭何說：「陛下不宜輕舉妄動，若韓信眞有謀反的舉動，臣必定會爲陛下出謀劃策，剷除此心腹大患。」

後來韓信的部將陳豨被任命爲鉅鹿郡守，前去向韓信辭行。韓信握著他的手，避開隨從與他在庭院中散步，仰天長嘆說：「我有句心裡話想對你說。」陳豨說：「願聽從將軍的吩咐。」韓信說：「你所管轄之處，是天下精兵聚集之地；而你，又是陛下所寵信的臣子。如果有人對陛下說你想要謀反，陛下一定不會相信；第二次有人向陛下告發，陛下就會對你心存疑慮；第三次有人舉報你，陛下一定會發怒，親自率兵來討伐你。與其坐以待斃，還不如先下手爲強。你若起兵造反，我一定出兵響應助你一臂之力。」陳豨一向對韓信的才能非常信服，就說：「謹遵將軍教誨。」漢十年，陳豨起兵謀反，劉邦親自領兵前往平亂，韓信則稱病沒有隨軍出征，且暗中派人到陳豨的住所對他說：「你只管起兵，我會在這裡相助於你。」韓信和家臣謀劃，要僞造皇帝的詔命赦免在官府服勞役的罪犯與奴隸，並煽動他們襲擊呂后與太子。佈署完畢，就等待陳豨的回覆。

韓信的一個門客得罪了他，被韓信關押起來。門客的弟弟爲了報復韓信，就向呂后告發韓信意圖謀反的消息。呂后想要召韓信進宮，又怕他的黨羽不肯遵從，就和蕭何謀劃，派一個人假裝從劉邦軍中前來，告訴韓信說陳豨已經伏誅，群臣都來慶賀此事。蕭何對韓信說：「陛下平定叛亂，這是舉國同慶的大事，雖然你身體抱恙，也得勉強進宮慶賀才是。」韓信只好入宮，一進入宮門，呂后就命人將韓信拿下，在長樂宮鐘室裡把他殺掉。

韓信死後，因蕭何平叛有功，劉邦拜蕭何爲相國，加封五千戶。蕭何的門客召平對蕭何說：「丞相的確是個有謀略的人，韓信意圖謀反，您抓準時機，在他還沒有起兵之前就將他誘騙入宮殺掉，這個計策實在高明。可是您最大的缺點就是不夠深謀遠慮，您只看到韓信勾結陳豨作亂，卻沒有意識到危機就在眼前。」蕭何說：「你這句話是什麼意思？」召平說：「陛下在外平叛，而您鎮守關中，免除了上戰場殺敵的危險，僅憑一個計策就增加了您的封邑，陛下派護衛隊名義上是保護您，實際上是監督您，陛下已經開始懷疑您有反叛之心了。」蕭何說：「我倒是沒有想到這一點，我只看到韓信意圖謀反，爲人臣子者應當替陛下分憂，所以向呂后獻策除掉韓信，卻沒想到會讓陛下懷疑到我頭上，這該如何是好？」召平說：「很簡單，你不要接受陛下的封賞就好了，把全部的賞賜都充作軍費，就能使龍心大悅。」蕭何依從他的計策，劉邦果然很高興，暫時消除了對蕭何的疑慮。

人物

蕭何，沛縣（今中國江蘇省沛縣）人。生於西元前二五七年，卒於西元前一九三年。輔佐漢高祖劉邦平定天下，是漢代開國功臣之一，封爵酇侯。他慧眼識韓信，向劉邦推薦韓信，韓信因此受到重用。但最後也是因爲蕭何向呂后獻策，韓信才被殺身亡，所以有一句成語叫做「成也蕭何，敗也蕭何。」高祖死後，輔佐惠帝即位。惠帝二年（西元前一九三年）七月逝世。諡號「文終」。

釋評

除了聖人可以洞察全局之外，其他資質的人雖然各有其特點，卻皆有他們無法突破的限制。這幾句說明陰與陽兩種性格資質的人的專長與限制。能將問題看得清楚明白的人，他能夠掌握行動的關鍵時機，迅速的出擊，以獲得最大的收穫。這種人的限制在於他無法深思熟慮，因爲深思熟慮需要時間，想要快速的出擊掌握關鍵時機，一定要在短時間內做出決定，否則時間一過就失去良機。但無法深思熟慮，就無法洞察全局，可能會落入有心人的布局圈套之中。反之，能夠深思熟慮的人，固然可以看清楚事情的眞相，釐清事情的本末，卻無法在短時間內找出問題的所在，往往失去先機。

萬事萬物都有其優缺點，如同火光與太陽的功能是放出光芒照清物體的外表；而金屬面與水面的功能是將物體的影像在內映照出來。這種先天上的特點與限制，就如同陰氣與陽氣的差異一樣，是無法跨越的鴻溝。

名人佳句

君耳目聰明，思慮審察，君其得聖人乎？

這句話是出自漢代劉向編纂的《說苑．臣術篇》。意思是說：「你耳目聰明，思考周到，觀察入微，你得到聖人的眞傳嗎？」聖人的特點是，根據眼睛看到的，耳朵聽到的訊息，經過仔細的思考分析，做出最適當的判斷，能夠做到這一點就具備聖人的特質。

一般人並非無法將耳目感官所傳達的訊息做詳盡的分析，只是一般人無法全面的思考，必定受到一些限制。例如：像蕭何這樣聰穎的謀士，仍然無法超越自身思考的限制，他只看到韓信帶來的災禍，卻沒意識到自己也禍到臨頭，若非召平提醒，恐怕早已被劉邦所殺。

原文

若量其材質，稽諸五物；五物之徵，亦各著於厥體矣。其在體也：木骨、金筋、火氣、土肌、水血，五物之象也。五物之實，各有所濟。是故：

骨植而柔者，謂之弘毅；弘毅也者，仁之質也。氣清而朗者，謂之文理；文理也者，禮之本也。體端而實者，謂之貞固；貞固也者，信之基也。筋勁而精者，謂之勇敢；勇敢也者，義之決也。色平而暢者，謂之通微；通微也者，智之原也。

五質恒性，故謂之五常矣。

譯文

如果在衡量人才的資質上，可以搭配五行的構成原理予以考證，就不難看出五行的特徵，顯現在人的身體上。五行表現在人的身體上，分別為：木象徵骨骼、金象徵筋、火象徵氣、土象徵肌肉、水象徵血液，這是五行在人體上具體的表現形式。五行的本質，各自成就了人五種不同的性格。

所以骨骼堅挺而柔軟的，具有氣量恢弘、堅毅剛忍的性格，這種性格稱為弘毅。弘毅，是仁心善性的本質。氣質內涵純潔明朗的人，稱為文理。文理，是禮儀的構成基本要素。體態端莊而誠懇的人，稱為貞固。貞固，是守信的基礎。筋脈強勁而健壯的人，稱為勇敢。勇敢，做事決斷講義氣。臉色平和而舒暢的人，稱為通微。通微，是智慧的本源。

這五種人格特質是恆常不變的，所以稱為五常。

事典

重情義的豫讓

豫讓是戰國時代晉國著名的俠客，爲人勇猛威武，體魄健壯，以武功見長。他曾經在范氏與中行氏麾下任職，卻不受重用。他便離去又效命於智伯，智伯很賞識他，對他禮遇有加。後來智伯討伐趙襄子，趙襄子就聯合韓國與魏國一起消滅了智伯，智伯被殺之後他們瓜分智伯的封地。趙襄子對智伯的怨恨最深，將其斬首後，還把他的頭顱拿來當作裝酒的器皿。

智伯出事之後，豫讓就逃到山林中躲藏起來，有人問他說：「你的主人智伯已經死了，你今後有何打算呢？」豫讓說：「唉！大丈夫應當爲知己而死，就如同女子爲了懂得欣賞自己的人梳妝打扮的道理一樣。我雖然侍奉三位君主，可是只有智伯懂得欣賞我的才能，對我十分禮遇。我一定要爲他報仇，就算死了，我的魂魄也無怨無悔了。」豫讓就改名換姓，喬裝打扮成服刑的人，混進宮中刷洗廁所，將匕首藏在身上，準備刺殺趙襄子。趙襄子上廁所時，察覺周遭有殺氣，心中覺得不安，就把說洗廁所服刑的人捉起來，一查問，發現這個人就是豫讓，他身上藏著兵刃，大聲嚷著說：「我要爲智伯報仇。」侍衛想要把他殺掉，被趙襄子制止。趙襄子說：「他是一位講義氣的勇士，我小心躲避就好了。況且智伯死後沒有後代，有家臣要替他報仇，這個人也是個賢士。」就命侍衛將他釋放。

過了一段時間，豫讓並未因此而放棄報仇的念頭，他在全身塗上漆，讓皮膚生惡瘡，又吞炭自殘聲帶變成啞巴，把自己弄得面目全非，讓人認不出他來，在市集上行乞。連他的妻子都認不出來。豫讓遇見朋友，被朋友認出來，那人驚訝的問說：「你不是豫讓嗎？」豫讓回答：「沒錯，就是我。」那位朋友見到他這副模樣，悲傷的哭泣說：「以你的才華，委身侍奉趙襄子，一定能受到重用。如此還怕找不到機會刺殺他嗎？何苦自殘身體，就只爲了找趙襄子報仇，這不是捨易求難嗎？」豫讓說：「我若是委身替趙襄子做事，卻又殺害他，是懷著異心侍奉君主，這種不忠不義的事情我做不出來。」豫讓說完就走了。

不久，趙襄子要外出，豫讓就埋伏在他必定會經過的橋下。趙襄子一走到橋上，馬就受到驚嚇，趙襄子說：「這個刺客一定是豫讓。」就派人前去探問，果然是他無誤。趙襄子就數落豫讓說：「你曾經侍奉過范氏與中行氏兩任君主，他們都被智伯所殺，你卻不思爲舊主報仇，反而委身侍奉於智伯。現在智伯身亡了，你卻獨獨爲他報仇，這是何故？」豫讓說：「范氏與中行氏兩任君主，僅僅把我當成普通人那樣看待，我也以普通人的方式來回報他們。只有智伯以國士之禮相待，所以我也以國士之禮報答他。」趙襄子感慨的嘆口氣，悲傷的流著淚說：「唉！豫先生啊！先前寡人念在你忠心爲舊主報仇的這份義氣上，所以才釋放你。可是你卻一而再，再而三地要刺殺寡人，寡人不能再赦免你了。」就命侍衛將他包圍起來。豫讓說：「我聽說英明的君主不會掠人之美，忠臣雖死卻能換來忠義之名。先前您已經寬恕我一次，天下人都會稱頌您的賢德。今日的事情，我知道難逃一死，但在我死前有個請求，希望您能應允我在您的衣服上砍幾下，表示我爲舊主報仇的心意，就算死也無所悔恨。」趙襄子就應允他的請求，把衣服脫下命隨從拿給豫讓。豫讓拔劍跳起砍了三次衣服，說：「我可以報答智伯的恩情於九泉之下了。」就持劍自殺。他死的那一天，趙國的有志之士聽說了，都爲他感到悲傷而落淚。

人物

豫讓，生卒年不詳，戰國時晉人，是當時著名的刺客。起初侍奉范氏與中行氏，不受重用。後來又侍奉智伯，他以國士之禮相待。智伯被趙襄子所殺，豫讓不惜用漆塗抹全身，讓皮膚生出癩瘡，呑炭變成啞巴，讓人認不出他來。兩次刺殺趙襄子爲智伯報仇，都以失敗告終，最後自殺而亡。

釋評

五行，是構成天地萬物的五種元素。劉邵這裡用作象徵人的生理概念，金木水火土，分別對應人體的骨骼、筋脈、氣、肌肉、血液，將五行的概念在人的生理上具體的展現出來，此亦是一種象徵性的表達。

而人的生理現象又分別象徵五種不同的人格才性，骨骼堅挺而柔軟的人，所展現出來的姿態就是弘毅，而弘毅又對應五常中的仁心。仁心善性是每個人生而有之的，之所以無法顯現出來，是被私欲所蒙蔽，擁有弘毅特質的人，容易將人心善性體現出來。氣質內涵純潔明朗的人，所展現出來的姿態就是文理，文理對應五常中的禮。擁有這種人格特質的人特別講究禮節操守，循規蹈矩，不易做出格越軌的舉動。體態端莊而誠懇的人，所展現出來的姿態就是貞固，貞固對應五常中的信，擁有這種人格特質的人講究誠信。筋脈強勁而健壯的人，所展現出來的姿態就是勇敢。勇敢對應五常中的義，具有這種人格特質的人特別重視義氣，不會做出賣朋友親人的事情。

臉色平和而舒暢的人，所展現出來的姿態就是通微。通微對應五常中的智，具有這種人格特質的人通常觀察入微，思慮周到。這五種才性是與生俱來，由上天所賦與的，是不會產生變動，具有恆常不變的特性，所以稱爲五常。

名人佳句

生亦我所欲也，義亦我所欲也；二者不可得兼，舍生而取義者也。

這句話是戰國時代孟子所說的，摘錄自《孟子．告子上》。意思是說：「生存是我想要得到的，道義也是我想要得到的；但如果兩者不能兼得，我寧可捨棄生命而成全道義。」生存固然重要，沒有生命什麼都做不了，可是如果要為了活下去出賣主人或者親朋好友，那麼寧可自己去死，也不願做不忠不義的人。

原文

五常之別，列爲五德。是故：溫直而擾毅，木之德也。剛塞而弘毅，金之德也。愿恭而理敬，水之德也。寬栗而柔立，土之德也。簡暢而明砭，火之德也。雖體變無窮，猶依乎五質。

譯文

五行所象徵的五種恆常不變的資質性格，可以分別列爲五種品德。態度溫和，品行端正而和順果決，是木的品德。剛健篤實，心志寬廣堅忍，是金的品德。樸實恭敬，擅長處理事務，是水的品德。寬厚嚴肅而品行溫和，是土的品德。簡約流暢而明辨是非，是火的品德。雖然人的材質品格有多種面貌，但總歸離不開這種五種品質。

事典

節儉愛民的漢文帝

漢文帝劉恆，是劉邦的第四個兒子，以德孝聞名於世，愛民如子。

他在位二十三年，沒有興建宮殿、也沒有修建園林，外出的車輛馬匹與日用的器物服飾也沒有增加採購。他詳細的審查所有施政方針，只要有對百姓不利的政策，一律廢除。

文帝所穿的衣物服飾都很簡樸，他寵幸的妃子所穿的衣服長度都不足以拖地，連帷帳都不繡花紋。有次文帝想建造一個露臺，派工匠來計算費用，需要花費百金，於是說：「百金對於小康之家來說，等於十戶的財產。朕住在先帝的的宮殿，就已經覺得愧對祖先，還要造露臺做什麼呢？」親近的大臣就說：「天下萬民皆爲陛下所有，建造區區一個露臺又算得了什麼呢？」文帝說：「朕若是花費百金只爲興建一個露臺，就必須向人民加收賦稅，屆時人民的生活將更爲辛苦，朕豈能爲了自己的物質享受，而讓天下百姓不得安居樂業，如果這樣做的話，那就是朕的過失啊！」

有一次，連續三年各地發生乾旱、水災、瘟疫等災害，文帝很是憂慮，他召集大臣商討此事，文帝說：「近幾年來農作物收成不好，各地有陸續有乾旱、水災等災禍發生，朕十分憂慮，這幾天檢討施政上的措施，不知哪裡有了過錯？還請百官可以提出建議檢討。」有大臣啓奏說：

「陛下愛民如子，人所皆知，天災實難避免，只能盡力減免賦稅，賑濟災民。陛下平時已經十分節儉，只要是對百姓有利的政策，立刻施行絕不拖泥帶水，百姓對這點都十分稱頌。」文帝說：「話雖如此，但上天降下災禍，一定是朕哪裡還有做得不好的地方，觸怒了鬼神，才會導致天災不斷。朕努力檢討自己的過失，朝廷給百官的俸祿是否太多？是否將錢花在享樂的事情上？若非如此，人民的糧食怎麼會這麼少，可以耕種的田地比古代還要多出許多，可是收穫的糧食卻不足夠，這是哪裡出了問題？希望諸位愛卿能多想一下那裡還能幫助百姓的，盡量提出建議，不要有所隱瞞才好。朕若是哪裡有過失，也請諸位愛卿一一指出，朕必定即刻改過。」

文帝就是一個這樣愛民如子的皇帝，以仁德教化百姓，使得天下百姓生活都很富裕。文帝駕崩前立下遺詔說：「朕聽聞，天下萬物有生必有死，死亡是自然現象，沒有什麼好感到悲傷的。當今世人都貪生怕死，人死了花費過多的錢財置辦喪事。朕在位時沒有什麼德行，死後無須鋪張浪費厚葬，也不要舉辦隆重的喪禮。」

人物

漢文帝劉恆，生於西元前二〇二年，卒於西元前一五七年。在位二十三年。漢代第五任君主。漢惠帝死後文帝即位。施政上採取黃老治術，與民休養生息，杜絕一切鋪張浪費，以德仁教化百姓。仁德恭儉，廢除殘酷的刑罰。使得天下富裕，甚得百姓的愛戴稱頌。

釋評

劉邵這裡以「五行」，金木水火土，分列爲五種品德。這五種品德是人內心的姿態，是由人的才能與性格所顯現的。木之德的人格特質是，待人接物態度和善，品行端正，做事勇敢決斷，卻又不會採取過於極端的作法。金之德的人格特質是，剛健篤實，待人以誠，絕不欺瞞狡詐，心志堅定剛強，胸襟廣博。水之德的人格特質是，樸實無華，不喜好浮華虛名，待人謙恭有禮，擅長處理事情。土之德的人格特質是，待人寬厚，態度莊重威嚴，以溫和的品性立身處世。火之德的人格特質是，簡約流暢，即性格節儉不拘小節，能夠明察秋毫，分辨是非。這五種品德是品鑑人物的依據標準，是從心理狀態來做分析，無論人的資質才能如何變化萬端，可以這五種品德來做歸納。

名人佳句

靜以修身，儉以養德。

這句話是三國時代蜀漢諸葛亮所說的，摘錄自《鑑誡》。意思是說：「靜心反思己過以修養自身，節儉樸素以培養高自身的德行。」修養自身，提升自我心靈層次的最佳方法就是不受到外在物質欲望的引誘，能夠靜下心來反省自己的過錯。能夠抵禦物質享受的誘惑，才能過著素樸節儉的生活，不鋪張浪費，不受到錢財的引誘而做出犯法的事情，如此就能增長自我內在的德行。

原文

故其剛柔、明暢、貞固之徵，著乎形容，見乎聲色，發乎情味，各如其象。

故心質亮直，其儀勁固；心質休決，其儀進猛；心質平理，其儀安閑。夫儀動成容，各有態度：直容之動，矯矯行行；休容之動，業業蹌蹌；德容之動，顒顒卬卬。

譯文

所以剛強柔和、明白流暢、堅貞不移這些人格特質，外發於容貌體態，顯現於聲音與容態，表現在情趣意味之上，與他所表現出來行爲舉止相符合。

所以心性氣質誠信耿直的人，他表現出來的儀態就是堅定沉穩；心性氣質良善果斷的人，他的儀態是振奮而威嚴；心性氣質平和達理的人，他的儀態就是安定閒適。人的行爲舉止，儀容態度，有多種樣貌：儀容端莊正直者的舉動，就是勇武剛強的樣子；良善寬厚者的舉動，就是謹愼小心的樣子；有德行修養者的舉動，就是溫和端莊、器度不凡的樣子。

事典

耿直有器度的王華

王華是明代著名哲學家王守仁的父親，他年輕時曾在浙江餘姚龍泉山中刻苦讀書，故當時的稱他爲龍山先生。王華生性孝順，侍奉母親非常盡心，對母親說話總是態度溫和，就算母親責備他幾句，他也沒有不高興的表情。

成化十七年，王華考中進士榜首，被朝廷授予修撰的官職，負責修撰國史。王華負責給皇帝講解經史，明孝宗朱祐樘很眷顧他，孝宗常對人說：「王華這個人非常有器度，待人平和溫順，端莊持重，他熟悉各種經史典籍，並非只是了解書中的思想義理，而且還能將聖賢的德行實現在生活當中，實在是難能可貴。」王華給孝宗講解《大學衍義》時，能夠結合歷史故事，指陳時事十分耿直誠懇，皇帝命宦官賞賜食物慰勞他。皇帝問他說：「你是如何做到讀懂書中的義理，還能博古通今，更能指出時政的利弊，令朕獲益良多。」王華回答：「啓奏陛下，臣不過是能夠將聖賢所說的道理身體力行，貫徹實踐罷了。如此便能融會貫通，運用在生活上的各個層面，不只是能夠指陳時政的利弊，就連整治家務，讓家中成員和睦相處也能派得上用場。」

明武宗正德初年，王華晉升爲禮部左侍郎，後來因爲他的兒子王守仁得罪宦官劉瑾，王華出任南京吏部尚書，因事獲罪而被罷免官職。但是他並沒有因此而怨天尤人，反而自我反省。有位朋友對他說：「你的兒子在官場得罪了劉瑾，你是他的父親所以也遭受牽連，才會被朝廷罷免官職。」王華說：「我被朝廷罷免官職，一定是我有那裡做得不好的地方，我應當多多自我反省檢討，怎麼可以什麼事情都怪罪他人呢？」朋友笑著說：「你眞是一個器度恢弘的人，就算別人有心要爲難你，你也能夠不予計較，反而認爲是自己的過錯，當今世道，像你這樣的人實在是少之又少。」一直到劉瑾倒臺後，王華才恢復原來的官職，不久就過世了。

人物

王華，字德輝，號實庵，晚號海日翁，浙江餘姚縣（今寧波市餘姚市）人。生於西元一四四六年，卒於西元一五二二年。是明代大儒王守仁的父親，王華事母至孝，擁有端正的德行，受到明孝宗的尊崇。官至南京吏部尚書。

釋評

上文所說剛強柔和、明白流暢、堅貞不移等這些人格特質，表現在人外在的行爲舉止、儀容體態之上，這是外在的姿態。人內在的心性氣質會影響其外在的表現，所以不同心性氣質的人表現出來的儀容舉動也各有不同。劉邵分別舉例說明：

心性氣質誠信耿直的人，顯現出來的儀態就是堅定沉穩，因爲這種人內心耿直，誠懇守信，所以他無論在何種情況下都能處變不驚、堅定不移。心性氣質良善果斷的人，表現出來的儀態就是積極進取，嚴肅莊重，因爲這種人心中秉持善念，行事果斷不拖泥帶水，所以處事態度非常積極，只要他認定是對的事情，就毫不猶豫會去執行，嚴肅的對待事情，端莊持重。心性氣質平和達理的人，表現出來的儀態就是安定閒適，因爲這種人能夠心平氣和的待人處事，看清事情的眞相，所以無論處在何種情境下都能從容不迫、氣定神閒。

根據不同的儀態所表現出來的行爲舉止也各有不同：儀容端莊正直者外在的行爲舉止，就是勇猛威武，剛正堅強，遇到事情不會軟弱退縮。良善寬厚者外在的行爲舉止，凡事都小心謹愼，以嚴肅的態度去看待事情，絕不掉以輕心，做事情很有章法，有條不紊。有德行修養者外在的行爲舉止，待人溫和端莊穩重，因爲這種人懂得自我反省，在心上做修養功夫，所以不容易因爲外在的人事物而引起情緒波動，給人的感覺是神采飛揚、器度不凡。

名人佳句

夫聰察強毅之謂才，正直中和之謂德。

這句話是摘錄自北宋司馬光主編的《資治通鑑》，意思是說：「聰明觀察力強，堅強剛毅的人就叫做才，性格耿直中正平和的人叫做德。」有才的人的特點是聰慧觀察力強，可以看清事情的真相，且堅強剛毅，但是這樣的人不一定具備「德」。

有德的人性格耿直，中正平和，符合儒家最高的道德標準中庸之道。這個看法與劉邵對於有德行修養之人的行為舉止的定義是相符合的，有德行修養的人，喜怒不形於色，且為人正直，不會被物質欲望所引誘，所以表現出來的樣子溫和莊重、器度不凡。

原文

夫容之動作，發乎心氣；心氣之徵，則聲變是也。夫氣合成聲，聲應律呂：有和平之聲，有清暢之聲，有回衍之聲。夫聲暢於氣，則實存貌色；故：誠仁，必有溫柔之色；誠勇，必有矜奮之色；誠智，必有明達之色。

譯文

根據儀態容貌所表現出來的行爲舉止，是由人的心神氣質而發的；心神氣質的徵象就是聲音的變化。氣合成聲音，聲音應和不同的音律變化；有溫和的聲音，有清亮流暢的聲音，有蕩氣迴腸的聲音。聲音通暢與否取決於氣的流動，心神氣質則顯現在外在的容貌與氣色之上；所以心懷仁心善性的人，臉上必然表現出溫柔的神色；心懷勇猛無畏的人，臉上必然表現出勇武激奮的神色；心懷智慧的人，臉上必然表現出聰穎通達的神色。

事典

心懷仁義的虞世南

虞世南是唐代初年有名的才學之士，尤其精通書法。他的容貌看似和順軟弱，性格卻堅守正道，只要符合仁義價值標準的事情，他一定堅持到底，絕不妥協。

他從小性格沉穩內斂，對物質欲望看得很淡，一心專研學問。唐太宗為秦王時，就重用虞世南，屢次擢升他的官職，任用他為弘文館學士，與房玄齡一同執掌文書。太宗曾經命他寫《列女傳》用來裝飾屏風，當時手頭上並沒有書，虞世南就默寫出來，並且一字不差，足見他博學多聞。唐太宗當上皇太子後，升虞世南為太子中舍人。唐太宗即位後，任命他為著作郎兼弘文館學士。太宗很器重他，認為他是個博學多識，不可多得的人才。太宗常在處理政務的閒暇召見他，與他談論經集史書，虞世南每次談論到古代帝王的得失，都會藉由歷史典故勸諫太宗，指出太宗在時政上的缺失，太宗對這點十分欣賞。

太宗曾對侍臣說：「別看虞卿外表文文弱弱的，商討古今施政上的得失時，頗有一番見解，他態度十分誠懇，總是藉著討論史籍勸諫朕，而且從不隱諱，倘若群臣都像他這樣耿直敢言，天下何愁治理不好。」侍臣說：「臣聽聞，心懷仁義的人，臉上看起來溫文和善，虞大人就是屬於這一類的人。他心懷天下百姓，希望百姓能過著安定富裕的生活，不要再因戰亂而流離失所。所以虞大人只要見到陛下在施政上有所疏失，必然借古諷今，勸諫一番。古代聖賢大抵也是像他如此吧！」太宗說：「是啊！虞卿確實是心繫天下蒼生的良善之輩。」

人物

虞世南，字伯施，唐餘姚人。生於西元五五八年，卒於西元六三八年。擅長撰寫文章，精通書法，隋朝時代擔任過祕書郎的職務，煬帝不予重用。唐太宗時爲弘文館學士，後升任祕書監，太宗曾稱頌他的品德端正、忠義耿直、博學多聞、文詞雅正、書翰爲五絕。著有《文集》三十卷。卒謚文懿。

釋評

人的儀態容貌表現出來的行爲舉止，是由內在的心神氣質而發的；心神氣質是一種抽象的東西，想要驗證只能從人的外型姿態來考察：其一，由人的聲音變化來考察。每個人的心神氣質都有所不同，會影響人體內的氣流流動的韻律，這種韻律與人的聲音結合在一起，就有了不同的音律變化，這些變化各有不同的姿態，例如：有些人的聲音溫和平靜，有些人的聲音清亮暢達，有些人的聲音蕩氣迴腸，連綿不絕。其二，由人的容貌神態來考察。人的心神氣質會表現在外在的容貌神態上，例如：心中懷有仁心善性的人，臉上顯現出來的是溫柔和煦的神態，就像是謙謙君子一般；心中懷有勇猛無畏的人，臉上顯現出來的是英明威武奮發激昂的神態；心中懷有智慧的人，凡事都能看得通達透徹，可以看清事情的眞相，表現出來的就是聰穎通達的神色。

名人佳句

行一不義，殺一無罪，而得天下，仁者不為也。

這句話是戰國時代荀子所說的，摘錄自《荀子．王霸篇》，意思是說：「做一件不義的事情，殺一個無罪的人，這樣的人縱然能夠得到天下，仁人君子不屑為之。」真正心懷仁心的人，應該是胸懷天下，心繫黎民百姓的安危。如果做一件不公道的事情，誅殺一個無辜的人，就算把整個天下送給他，仁人君子是拒絕接受的。

原文

夫色見於貌，所謂徵神。徵神見貌，則情發於目。故仁目之精，慤然以端；勇膽之精，曄然以彊；然皆偏至之材，以勝體爲質者也。故勝質不精，則其事不遂。是故，直而不柔則木，勁而不精則力，固而不端則愚，氣而不清則越，暢而不平則蕩。

譯文

神色顯現在外貌上，就是人內在精神顯發於外的象徵。人內在的精神表現在他的外貌之上，心中的情感就會透過眼神流露出來。所以，仁心的精神是對應在眼睛之上，流露出來的眼神是端正恭謹。勇敢的精神是對應在膽上，流露出來的眼神是炯炯有神，且剛強有力。以上所述的這些都是偏才，因爲他們顯現在外貌的徵象超越了內在精神氣質自然的顯現。人內在的精神氣質不夠純粹，事情就不容易獲得成功。所以，正直不夠柔和的人就會流於呆板木訥；強勁不夠精細，就會顯得蠻幹衝動；固執不持身端正則會顯得愚痴；體氣充盈卻不清朗的人就會做出超越本份的事情；通達明暢而不平和就會流於放縱。

事典

勇猛卻不顧後果的張飛

三國時代蜀漢的名將張飛，年輕時便追隨劉備。劉備被呂布打敗後投靠曹操，隨後又背叛曹操投靠袁紹、劉表。劉表過世後，他的兒子劉琮繼任荊州牧，向曹操投降，等到曹操快到宛城時，劉備才得知此事，他倉促之間逃往江南。曹軍在後面追趕劉備一天一夜，到了當陽的長坂坡時，劉備聽說曹軍快追上了，就拋棄妻子自己逃走，讓張飛率領二十名士兵斷後。張飛站在河邊，將橋樑拆毀，瞪大雙眼，手持長矛，大聲喊道：「我乃張益德是也，不怕死的可來決一死戰。」敵軍沒有一個人敢動，劉備因而得以逃脫。曹操得知此事後，就很欣賞張飛，對親信說：「張益德眞是一個勇猛無雙的猛將，他只有區區二十人，面對數量眾多的敵軍，眼裡卻不見一絲一毫懼怕之色，足見其膽識過人，而且他氣勢凌人，我方驍勇善戰的士兵都被他的氣勢給震攝住，要是他能投靠我就好了。」

後來，劉備自立爲漢中王，升任張飛爲車騎將軍兼任司隸校尉，進封爲西鄉侯。劉備頒布詔命說：「因爲張飛的忠誠剛毅，遠近聞名，所以提升你的官職，晉封你的爵位，兼管京城地區。希望你能秉承上天的威嚴，以德服眾，討伐亂臣賊子，符合朕的旨意。」張飛雄壯威武，僅次於關羽，他一人可以抵擋萬人。張飛對待君子很敬重，對待士兵和百姓卻很殘忍。劉備曾勸誡過他說：「你用刑過重，時常鞭打士兵，卻又將他們留在身邊，小心有一天他們會反噬於你。」張飛卻一意孤行，不聽勸告。

關羽曾對劉備說：「益德爲人勇猛威武，又對陛下忠心耿耿，實在是不可多德的人才。可是他這個人有一個最大的缺點，就是做事不顧慮後果，他懲罰士兵的手段太過嚴酷，久而久之必定會自取其禍。」劉備說：「朕也曾勸誡過他，可是他仍不聽勸告，朕拿他也毫無辦法。」

關羽死後，劉備討伐東吳，張飛準備率一萬人前往與他會合。大軍在出發之前，張飛帳下的將領張達與范彊叛變，刺殺了張飛，把他的頭顱獻給孫權。張飛軍營的都督將此事報告劉備，劉備感嘆說：「朕早就提醒過益德，要他善待身邊的人，他總是不聽勸，這下可好了，被自己帳下的將領所殺。唉！朕痛失一條臂膀啊！」

人物

張飛字益德，《三國演義》作翼德，三國蜀漢涿郡（今河北省涿縣）人。生年不詳，卒於西元二二一年。年少與關羽都在劉備麾下侍奉，號稱萬人敵。官至車騎將軍，封西鄉侯。劉備討伐東吳，張飛欲率兵會合，出發前被帳下將領所殺。謚桓。

釋評

這裡指出偏才的人的特徵，所謂偏才是指他們內在的精神氣質顯現在外貌之上，只能表現出來某種特徵長處，這種特徵長處都有其缺失，無法面面俱到，所以稱之爲「偏才」。所謂偏才，指的是偏於一方的才能，這是相對於中庸的資質的人來說的。中庸資質的人之特點，下文會詳細說明，此處先略過不提。

劉邵舉出五種偏才的人的長處與缺失，若與上文所說的「五行」金木水火土，所對應的五種品德相對照，就不難看出「偏才」之人，只能將五種品德的某種特點表現出來，而有所不足之處。心性過於耿直的人，處事就不夠圓融，這種人處事過於一板一眼，而不知變通，這是木之品德偏差的表現。性格剛健強勁的人，心思不夠細膩，處事容易不顧一切的去做而不考慮後果，這是金之品德偏差的表現。性格太過固執己見的人，無法採納別人的意見，容易劍走偏鋒，無法處在正確的位置上，顯得愚痴蠢鈍，這是土之品德偏差的表現。體氣太過充沛，心思就會不夠清明，看不清楚眞相，容易做出超越本份的事情，這是火之品德偏差的表現。氣雖然能通暢順達卻不平和，處事就會流於放縱，這是水之品德偏差的表現。

名人佳句

天行健，君子以自強不息。

這句話是春秋時代孔子所說，出自《易傳》，意思是說：「上天創生天物萬物，生生不息，周而復始，君子應當效法天，剛勁強健，自強不息。」《易傳》中的天道，具有創生天地萬物的力量，這種力量是剛勁強健，生生不息的。君子應當效法上天創造萬物生生不息，周而復始的能力，以自強不息來自我勉勵。剛勁強健是好的品德，但若是剛強太過，就會變成蠻幹，做事不計後果，這樣就會將自己陷於危險的境地之中。

原文

是故，中庸之質，異於此類：五常既備，包以澹味，五質內充，五精外章。是以，目彩五暉之光也。故曰：物生有形，形有神精；能知精神，則窮理盡性。

譯文

所以，擁有中庸資質的人，不同於上述所言偏才資質的人。他們同時具備五常，即仁、義、禮、智、信。性情淡薄寡欲，弘毅、文理、貞固、勇敢、通微五種品德充盈體內。心、肝、脾、肺、腎五臟的精氣顯現於外。所以，眼睛顯露出五種光輝。所以說：萬事萬物的存在皆有形體，有形體就能反映內在的精神氣質；能夠了解事物的精神氣質，就能窮究事物顯現在外表的紋理，以探究其本性。

事典

賢君夏禹

夏禹是中國古代傳說中的賢君，位列三皇五帝之一，他治水有功，品德非常高尚。

帝堯在位的時候，就有水患為禍，洪水淹沒山嶺高地，百姓叫苦連天。堯命禹的父親鯀治水，但是沒有顯著的績效。堯駕崩後，帝舜即位，問百官說：「有誰能推薦一位可以治理好水患的人選？」有位大臣就啓奏說：「臣推薦禹，他這個人聰穎過人，又能夠吃苦耐勞，從不做違背道德正義的事情，待人仁慈可親，說過的話言出必行，很守信用；說話的聲音符合音律，行為舉止符合禮節法度。聰明過人，是為智；處事不違背道德正義，是為義；待人和善仁慈，是為仁；言出必行，是為信；行為舉措符合禮節，是為禮。仁、義、禮、智、信五種品德，禹全都具備，臣相信他一定不負帝君所託，能夠將水患治理好。」帝舜就命禹去整治水患。

禹與益、后稷等三人，奉帝舜的旨意前往治水，命令諸侯動員百姓動土治水，以木樁作為標記，測量高山河川的情況。禹哀傷父親鯀水無功而被處死，更是戰戰兢兢，殫精竭慮，對於整治水患這件事絲毫不敢鬆懈，在外面奔波十三年，即便是經過家門也不敢進去看看。他省吃儉用，住在簡陋的房子裡，把所有的錢財都拿去作為治理洪水的經費。他拿著丈量土地的工具，四處奔波，終於讓他開通九條河道，將洪水引入海中。禹命益派發稻種給百姓，讓他們可以在低濕的地方耕種，並讓后稷發派糧食給百姓。把糧食充足地區的米糧，分派給糧食短缺的地方，讓各地的糧食可以平均分派，不會發生某個地方太過富裕，某個地方鬧饑荒的問題。禹到各地去巡視，根據當地適合栽種的農作物，來決定上繳朝廷的賦稅種類，又考慮陸路和水路運輸的便利性。耗時十三年，禹終於治理好洪水為禍的問題，帝舜很高興，公開表揚他。

禹治洪水有功，帝舜很信任他，就授予他官職，命他入朝為官。有一次，帝舜召皐陶和禹前來探討治理天下的方法。禹說：「臣認為要將天下治理好，首先要具備智慧，能夠知人善任；以仁愛之心安定百姓，百姓就會感念他的恩德，如此一來又怎麼會懼怕外族的侵擾？又怎麼會害怕那些巧言令色的小人呢？」皐陶說：「英明的君主應當具備九種品德：處事能夠寬容而嚴格，絕不徇私枉法，也不濫用刑罰，把無辜的人屈打成招；遇到重大決策能夠快速並果斷的做出正確的決定；待人誠懇而恭敬；順從而堅毅；正直而溫和；樸素而節儉清廉；剛強而講道理；勇敢而實事求是；安穩而謹慎。身為天子應當能做到這九種品德，才能將天下治理好，依臣看，當今天下能做到這一點的，除了帝舜之外，就只有禹了。」帝舜也同意皐陶的看法。帝舜在位三十三年時，就將帝位禪讓給禹，禹開創夏朝，深受百姓的愛戴。

人物

禹，中國古代傳說中的君主，位列五帝之一。舜將帝位禪讓給他，是為夏代的開國之君。相傳因治水有功，深受舜的信任。也稱為「大禹」、「夏禹」。

釋評

擁有中庸資質的人，即是聖人，也就是劉邵品鑑人物的最高典範。中庸資質的人格特點有三：第一，五常具備，同時具有仁、義、禮、智、信五種品德。一般人都是屬於偏才的資質，只具備五常中的某一種或者某幾種，很少能夠五常全都具備。第二，性情淡薄寡欲，對於不同的事物或者不同的價值標準，都能寬容的對待，例如：儒家認爲要以仁愛治理國家，才能令百姓安居樂業；而法家則認爲要嚴刑峻法，才能杜絕違法犯禁的事情發生。如果是一般人的態度，則是各執一詞，爭論不休；唯有聖人才能看出儒家的優點與法家的優點，認爲這兩種可以兼容施行，並不一定會互相衝突。這是因爲聖人不執著自己的見解，只要是好的見解，他都能夠接受，這就是心胸寬大，無所不包、無所不容。而且聖人的物質欲望很低，如此就不屑於與人爭權奪利，所以可以同時具備弘毅、文理、貞固、勇敢、通微五種品德。第三，五臟，即心、肝、脾、肺、腎的精氣可以互相調和，所以能同時彰顯於外，眼神自然能流露出五彩光輝。這五彩光輝，指的非是固定的五種光輝，五彩是一種形容詞，形容人內在的精氣互相調和，達到一種和諧的精神狀態，這種狀態透過眼睛得以顯現出來，看起來清明透徹、熠熠生輝。

人的才能與性格、資質雖然是抽象的，但只要是具有形體的人，其外表特徵必定由他的內在精神彰顯出來，所以只要順著他外表所發出的精神氣質，就能推斷出一個人的本性與品德。

名人佳句

仁義禮智，非由外鑠我也，我固有之也。

這句話是戰國時代孟子所說的，摘錄自《孟子．告子上》。意思是說：「仁義禮智，是每個人內在本有的品德，並非是從外在強加在我身上的，是出自於每個人的本性。」孟子主張性善說，認為每個人都有仁義禮智的品德，這是天生本有的，如果無法將此四種品德實踐出來，是因為受到私欲的蒙蔽，並非是人性中所欠缺的。

原文

性之所盡，九質之徵也。

然則：平陂之質在於神，明暗之實在於精，勇怯之勢在於筋，彊弱之植在於骨，躁靜之決在於氣，慘懌之情在於色，衰正之形在於儀，態度之動在於容，緩急之狀在於言。

其爲人也：質素平澹，中叡外朗，筋勁植固，聲清色懌，儀正容直，則九徵皆至，則純粹之德也。

譯文

人的性情，所有內涵，可以概括爲九種氣質特徵。

端正與邪惡取決於人內在精神的清明與否，聰明與愚蠢取決於人的精氣純正與否，勇猛與膽怯取決於筋肉的堅韌與否，剛強與柔弱取決於骨骼的強健與否，急躁與沉靜取決於人的氣血順暢與否，悲傷與喜悅表現在人的臉色上，衰頹與端正的形貌表現在行爲舉止上，神態舉止的自然或矯揉做作，表現在言論談吐之上。

一個人，本性質樸，性格恬靜不追名逐利，內心聰慧靈敏，外表清秀俊朗，筋骨強勁根基穩固，聲音清脆悅耳，和顏悅色；儀容端正容貌正直，這樣的人就具備九種特徵，是最純粹的德。

事典

怒形於色的董宣

董宣是東漢光武帝時代的官員，被朝廷任命爲江夏郡太守，後來又被徵召爲洛陽縣令。當時，光武帝的姐姐湖陽公主的奴僕在光天化日下殺人，他藏匿在公主府中，官府的捕快礙於公主的權勢，不敢貿然入府抓人。等到公主外出時，那名殺人的奴僕也陪同在旁。董宣得知公主外出的消息，特地在夏門亭等候，他攔住公主的車駕，跪在馬前，說：「臣聽聞公主的奴僕公然行兇，正所謂天子犯法與庶民同罪，請公主將罪奴交出，讓臣帶回衙門秉公處置。」湖陽公主輕笑一聲說：「本宮還以爲是誰，這不是前些日子平定奸賊有功的董大人嗎？莫非你仗著你那點小小的功勞，就能在本宮的眼皮子底下捉人，你眼中可還有我這個公主嗎？」董宣說：「臣就是敬重公主才低聲下氣的懇求您，若是公主執意包庇犯人，就休怪下官無禮了。」湖陽公主輕蔑的笑道：「本宮倒要瞧瞧你是怎麼個無禮法？」董宣站了起身，一改謙卑的神色，憤怒的用刀指著地上，將公主平日裡的罪狀一一列出，臉上的表情非常憤怒兇惡，說完就喝斥家奴下車。那名家奴被董宣兇惡的神情嚇到，連滾帶爬的下了車，董宣就當場把家奴給打死。湖陽公主看到董宣兇狠的表情，知道董宣是真的動怒了，如果當場與他發生衝突，吃虧的只能是自己，於是忍下回府去了。

第二天，公主就進宮向光武帝告狀，說董宣對她無禮，還當眾殺了她的家僕。光武帝聽了很生氣，就將董宣捉來，並且當場要將他亂棍打死。董宣說：「請陛下准許臣說一句再死。」光武帝說：「你想說些什麼？」董宣說：「陛下以仁德治理天下，現在卻縱容惡奴誅殺無辜百姓，陛下打算如何治理天下？陛下要殺臣，無須用棍棒，臣自殺便是。」董宣說完就用頭去撞大殿上的柱子，當場血流滿面。光武帝命小太監扶著董宣，向公主磕頭道歉，董宣用手支撐著地面，就是不肯低頭。湖陽公主不悅的說：「弟弟還是個平民百姓時，藏匿逃犯與死囚，官吏都不敢上門來捉人，怎麼現在當了天子，威權竟然不能令一個小小的縣官低頭？」光武帝笑著說：「當天子怎能與當百姓時相提並論呢？」光武帝命董宣退出大殿，並且賞賜他三十萬錢，嘉獎他不畏強權。董宣將錢全部分給下屬，從此打擊強權勢力更加肆無忌憚，京城那些權貴無不人人自危，給他取了個「臥虎」的稱號。

人物

董宣（前二六年至四八年），字少平，東漢陳留郡圉縣（今河南省杞縣南）人。江夏地區有盜賊作亂，朝廷任命他爲江夏郡太守，平定賊寇。董宣得罪權貴，而被免官。後來又被朝廷徵召爲洛陽縣令，他爲官剛正清廉，以不畏皇權出名。享年七十四歲。

釋評

想要了解人的氣質情性，可以透過人的精神、精氣、筋肉、骨骼、氣血、臉色、容貌、言談等九種徵象，了解人的九種特質，如：正邪、智愚、勇懦等。簡稱爲「九徵」。從九種人的身體特徵可以了解人的氣質性格，這九種人的氣質性格只是一種象徵的展示，並非表示只有九種氣質徵象，除此之外，人的氣質性格還可以表現在多種特徵之上。

劉邵列舉九種徵象，分別對應在九種氣質性格的具體發用：「平陂之質在於神」，精神是人的氣質之本源。精神端正平和則氣質也會端正平和；精神邪惡則氣質也會邪惡。「明暗之實在於精」，精氣是人的本質之根本。精氣聰明睿智則本質就會聰慧明朗；精氣愚笨蠢鈍則本質就會晦澀不明。「勇怯之勢在於筋」，筋肉是人的形貌之本源。筋肉堅韌則形貌就會顯得勇猛；筋肉軟弱則形貌就會膽怯懦弱。「彊弱之植在於骨」，骨骼是人的體格的根本。骨骼強健則體格壯碩；骨骼柔弱則體格弱不禁風。「躁靜之決在於氣」，氣血的充盈與否決定了人的性格。血氣旺盛的人，性格就會急躁；血氣沖和的人，性格就會沉穩安靜。「慘懌之情在於色」，臉色是人心中情緒的表徵。臉色悲戚，表示心中情緒悲傷；臉色喜悅，表示心中情緒高興。一個人臉上的表情並非只有悲戚與喜悅，心中的情緒也不是只有悲喜兩種。喜怒哀樂等情緒表現在臉上時，人的臉色也會顯現出喜怒哀樂等表情，所以這裡的悲戚與喜悅只是一種象徵性的說法，非是指事實而言。「衰正之形在於儀」，儀態是形貌的表徵。儀態衰頹則形貌疲乏；儀態端正則形貌嚴肅恭敬。「態度之動在於容」，容貌是行爲舉止的符應。行爲舉止鬆懈，則容貌輕浮；行爲舉止端正，則容貌有氣度。「緩急之狀在於言」，言談是心的狀態的表現。心胸寬廣，談吐就會緩和；心胸狹窄，談吐就會急躁。

品鑑人物最高的境界，就是九徵具備的人，這樣的人可以將「德」如實的展現出來，不會受到私欲的引誘，而做出違背正道禮法的事情。這樣的人所具備的特質是：性情質樸，不喜歡追名逐利，不會爲了名利權勢而不擇手段。聰明睿智，心思敏捷。外表端莊俊秀。說話聲音不緩不疾，待人和顏悅色。

劉邵對人物的品鑑，不是從人的生理結構來做依據，上述所說人的精、神、筋、骨等，雖然是生理的描述，但他對人物的品鑑是一種藝術性的樣貌，可以理解爲是劉邵對於人物的一種審美標準。

名人佳句

喜怒不形於色。

這句話是西晉陳壽所說的，摘錄自《三國志．蜀書二．先主傳》。意思是說：「不將喜怒哀樂情緒表現在臉上。」只要是人都會有喜怒哀樂的情緒變化，通常的情況是，心裡的情緒變化會反映在臉部的表情上，所以只要觀察人臉上的表情變化，就可以了解對方當時心中的情緒。但有些修養高深的人，縱然心中有喜怒哀樂等情緒變化，卻不表現在臉上，讓人無法察覺他當時的心理情緒反應，這樣不會被對方捉到把柄，遇到事情都能處變不驚。

原文

九徵有違，則偏雜之材也。三度不同，其德異稱。故偏至之材，以材自名；兼材之人，以德爲目；兼德之人，更爲美號。是故：兼德而至，謂之中庸；中庸也者，聖人之目也。具體而微，謂之德行；德行也者，大雅之稱也。一至，謂之偏材；偏材，小雅之質也。一徵，謂之依似；依似，亂德之類也。一至一違，謂之間雜；間雜，無恒之人也。無恒、依似，皆風人末流；末流之質，不可勝論，是以略而不概也。

譯文

無法完全符合九徵特質的人，就只能突顯偏於某方面的才能而有所限制。根據人的器度不同可以分爲三種，由於展現品德的不同，對他們的稱呼也不同。偏於某一種才能的人，就以那個方面特殊的才能來命名；同時兼備數種才能的人，以具備的某種品德來命名；德才兼備的人，以更殊榮的稱呼來命名。所以德才兼備的人，稱爲中庸。中庸，是對聖人的材質的稱呼。總體來說各方面都已具備，只是仍很微小不明顯，稱爲德行。德行，是指品德高尚才能卓越之人，稱呼他們爲大雅。僅在某一方面突出的，稱爲偏才。偏才，是指僅具備某一種品德的人，稱呼他們爲小雅。有一種徵象，似是而非，稱呼他們爲依似。依似，兩種品德混淆不清。某方面突出，某方面卻違背的人，稱他們爲間雜。間雜之人的才能氣質，經常在變化之中，這種人稱之爲無恆。無恆、依似是文人的末流，不可枚舉，所以略而不談。

事典

表裡不一的彭羕

彭羕（讀作樣）是東漢末年蜀漢官員，身高八尺，容貌不凡，性情傲慢驕縱，目中無人。彭羕初時在州府當個掌管文書的小官，許多人都看他不順眼，就向益州牧劉璋詆毀他，說他的壞話，罰他做服役的刑徒。

剛好劉備進入蜀地，彭羕希望能得到劉備的重用，那時龐統是劉備的謀士，彭羕就前往拜會他。彭羕與龐統此前並無交情，彭羕來到龐統的住處，剛好他正在會客，彭羕就直接躺在龐統的床上，告訴他說：「等你的客人走後，我們好好談一談。」龐統的客人告辭後，兩人就交談許久，龐統留他在府上住了兩天。龐統非常欣賞他的才華，覺得他爲人率直，是個不可多得的人才，於是就向劉備推薦他。

劉備也覺得彭羕是個軍事奇才，就命他去教授麾下將領作戰的技巧。劉備派彭羕出去執行任務，也沒有一次讓劉備失望的。一次，劉備對龐統說：「彭羕眞是個人才，不僅懂得行軍打仗，而且忠誠率直，待人也十分眞誠，我很喜歡他。」平定成都後，劉備提拔彭羕爲治中從事。彭羕原本是個刑徒出身，一下子地位凌駕於眾人之上，就變得囂張輕狂，居功自傲。諸葛亮認爲他是個表裡不一的人，表面上與他和善相處，私底下卻並不喜歡他。諸葛亮對劉備說：「彭羕這個人表現上對主公很忠誠，其實他志向遠大，恐怕總有一天會背棄主公，不可不防啊！」劉備說：「雖然彭羕有些恃寵而驕，可是他的忠心不像是裝出來的。」諸葛亮說：「彭羕這個人的本性就是驕縱自傲，剛開始的時候他只是個卑微的刑徒，所以對主公畢恭畢敬，如今他位居高位，就開始囂張跋扈起來，如此表裡不一的人，主公又怎能夠看透他的心思是否忠誠呢？」劉備覺得諸葛亮所言頗有道理，就開始對彭羕疏遠，將他降職爲江陽太守。

彭羕聽說劉備要派他到邊遠的地方去做官，心裡很不舒坦，就去拜見馬超。馬超問他說：「你的才能十分出眾，應該和諸葛亮與法正等人並駕齊驅，怎麼會反而派你到外地的一個小縣去當縣令呢？」彭羕說：「那個老東西昏庸無能，是龍是蛇都分不清楚，快別提了。」他又對馬超說：「我看不如這樣吧！你做外援，我當內應，何愁天下沒法平定。」馬超沒有回答，偷偷的把這番話告知劉備，劉備聽了之後說：「孔明也曾經提醒我彭羕此人不可相信重用，果不其然，以前是我看錯他了。」於是下令拘捕彭羕，最後定罪被殺。

人物

龐統，生於西元一七九年，卒於西元二一四年。東漢末年襄陽郡襄陽縣（治所在今湖北省襄陽市襄州區）人。人稱「鳳雛」。原在周瑜麾下效命，周瑜死後轉投劉備，成爲劉備重要的謀臣。在攻打雒城時，中箭身亡，享年三十六歲。由後主劉禪追封爲關內侯，追謚爲靖侯。

釋評

劉邵對於人物品鑑有其一套標準，這裡是對他所制定的標準定義名稱。人物品鑑最高理想典範就是九徵皆具備的人，這樣的人即是聖人，也是能夠體現中庸的人。此處的中庸沒有道德的義涵，指的是人物才能氣質一種和諧圓融的狀態，擁有這種資質的人，即具備上文所述的「九徵」，且是德行才能皆完備的人。其次，雖然無法同時具備所有德行才能，但能體現「九徵」中的數種德行才能，這樣的人稱爲「大雅」，指的是擁有高尚卓越的品德才能，就以他所具備的某種品德才能來命名。例如：能夠體現勇敢正直的人，就以義來命名；能夠體現和善仁慈的人，就以仁來命名。再次之，僅僅擁有某一種才能的人，這種人就是偏才，這樣的人稱爲「小雅」。「小雅」是相對於「大雅」來說的，這種人的資質才能偏向於某一個面向同時也有其限制，前面已經解釋過，此處略過不提。更次一等的人物才能氣質是「依似」與「間雜」。「依似」是似是而非，表面上表現出某種品德才能，實際上是屬於另一種才德。例如：表現出來的是勇猛果敢，實際上卻是怯懦，令人無法分辨這個人的才能氣質究竟是勇猛果敢還是怯懦。「間雜」，是指一個人的才能氣質經常在變動，不具備恆常不變的特性。沒有恆常不變特性的人的資質是很低下的，因爲沒有辦法對他的氣質才能做一個清楚的把握。例如：一個人一下子展現出來的是舉止端正，一下子又表現出舉止輕浮的樣子，給人一種飄忽不定的感覺。

名人佳句

虎豹不堪騎，人心隔肚皮。休將心腹事，說與結交知！

這句話是清代的錢彩所說的，摘錄自《說岳全傳》，意思是說：「虎豹不可以隨便招惹，人心難測。不要將心事，隨便告訴知心的朋友。」人心難測，就如同猛虎跟豹子一樣，若是騎上去不知何時會反咬你一口。所以不要信任別人，即便是知心好友，也不能把心事告訴他們。因為你無法判斷，他現在與你交心是真情還是假意，即便現在是真情，也難保將來不會有反目成仇的一天。

體別卷

厲直剛毅，材在矯正，失在激訐。柔順安恕，每在寬容，失在少決。雄悍傑健，任在膽烈，失在多忌。精良畏慎，善在恭謹，失在多疑。彊楷堅勁，用在楨幹，失在專固。論辨理繹，能在釋結，失在流宕。普博周給，弘在覆裕，失在溷濁。清介廉潔，節在儉固，失在拘局。休動磊落，業在攀躋，失在疏越。沉靜機密，精在玄微，失在遲緩。樸露徑盡，質在中誠，失在不微。多智韜情，權在譎略，失在依違。

原文

夫中庸之德，其質無名。故鹹而不鹼，淡而不醴，質而不縵，文而不績；能威能懷，能辨能訥；變化無方，以達爲節。是以抗者過之，而拘者不逮。

夫拘抗違中，故善有所章，而理有所失。是故：厲直剛毅，材在矯正，失在激訐。柔順安恕，每在寬容，失在少決。雄悍傑健，任在膽烈，失在多忌。精良畏慎，善在恭謹，失在多疑。彊楷堅勁，用在楨幹，失在專固。論辨理繹，能在釋結，失在流宕。普博周給，弘在覆裕，失在溷濁。清介廉潔，節在儉固，失在拘扃。休動磊落，業在攀躋，失在疏越。沉靜機密，精在玄微，失在遲緩。樸露徑盡，質在中誠，失在不微。多智韜情，權在譎略，失在依違。

譯文

具有中庸資質者的品德，其本質無法以語言來表達。就如同味鹹卻不苦澀，平淡卻非沒有滋味，質樸而非無紋繡彩飾，文雅卻不炫目；可以威嚴與懷柔並兼，能夠巧言善辯也能默不出聲；可以根據不同情況下做變化調適，不受才能氣質所侷限，以達到目的為其準則。所以，亢奮躁進的人，超過了中庸之道的原則；拘謹多慮的人，於中庸之道又有所不及。

無論太過謹慎小心或者貿然躁進，都只能彰顯中庸之道的某個部分的特長，而無法充分體現中庸之道的內在精神。所以：嚴肅正直，剛強正義的人，往往矯枉過正，其缺點在於毫不留情面的揭發別人的錯處；柔順安詳的人，優點是待人寬容，其缺點在於優柔寡斷；勇猛威武身手矯捷的人，優點是膽量過人，缺點是任性妄為，肆無忌憚；溫良和善，謹慎小心的人，優點是恭敬謹慎，缺點是猜忌多疑；剛強正直，意志堅定的人，優點是獨攬大局，作為主心骨，缺點是獨斷專行，不採納別人的意見；能言善道，能看清楚事情的眞相，優點是可以分析情況，做出準確的判斷，缺點是不受到禮法約束，行事我行我素；廣泛的施恩惠給他人，救濟窮苦的百姓，優點是胸襟寬廣，能夠多方結交朋友，缺點是無論良朋損友都一併結交，不分好壞；清廉高潔的人，優點是節儉樸素，缺點是太過謹慎約束，自我封閉；舉止光明磊落，不拘小節的人，優點是積極進取，缺點是思慮不夠周詳；沉著冷靜，思考縝密的人，優點是深不可測，缺點是行動緩慢；流露眞性情，毫無保留的人，優點是能夠待人以誠，缺點是把心中想法表露無遺，毫不保留。智慧過人，隱藏實力的人，優點是足智多謀，缺點是猶豫不決。

事典

性格彪悍卻任性妄爲的郭解

郭解是西漢時代的遊俠，他身材矮小，性格彪悍，身手矯健，從不沾酒。他年少時性情殘暴，時常任性妄爲，只要有人得罪了他，就動手把那個人給殺了，死在他手下的人不計其數。他當人打手；窩藏亡命之徒，違法搶劫；私自鑄造銅錢，盜人墳墓。這些違法犯禁的行爲，不勝枚舉。他雖然做了這麼多犯法的事情，往往能在落入困境的時候，全身而退，就好像冥冥之中受到上天眷顧那樣。等到他年紀漸長，性格有所收斂，以德報怨，施恩不望圖報。他仍然不改喜歡替人打抱不平的個性。

漢武帝要在茂陵（今陝西興平）修建陵寢，命令全國的富豪遷至此處，當地楊季主的兒子是軹縣縣令，故意將財產未達富豪標準的郭解呈報上去。官吏前來命令郭解遷徙，郭解說：「大人，小人家中貧窮，根本不符合遷徙的標準，這是不是弄錯了？」官吏礙於楊家的權勢，不敢違抗，就命郭解趕緊搬遷。郭解將此事告訴將軍衛青，衛青替他向皇上求情說：「郭解家中貧困，並不符合遷徙的資格，還請皇上准許他不必搬遷。」皇上說：「區區一個平民百姓，竟然能讓衛將軍替他說話，他又怎麼可能是個窮人呢？」解家只好舉家搬遷，與他交好的朋友替他出錢千餘萬兩以用作遷徙的資費。後來郭解的侄兒查出這件事是楊季主的兒子在搞鬼，於是就前去把他的頭砍下來。因爲這件事，楊家與郭家結下血海深仇。

後來郭解殺了楊季主，楊季主的家人上書向皇上稟告此事，皇上聽說了就下令將郭解逮捕歸案。郭解東躲西藏，最後還是被官府給抓了起來。有人稱讚郭解是位賢人，當時有一名儒生聽見了，就罵說：「郭解使用奸詐的伎倆，觸犯國家律法，這種人怎能稱得上是賢人？」郭解的門客聽見了，就去把這名儒生給殺了，割斷他的舌頭。官吏拿這件事做文章，以這件事刁難郭解，郭解對此事根本一無所知。殺人犯竟然銷聲匿跡，沒有人知道他是誰。官吏上報說郭解無罪，御史大夫公孫弘議論說：「郭解仗著自己勇猛威武，身手矯健，只要與他結仇的人就被他所殺害，如此任性妄爲，將國家法律置於何地，就算這件事不是他做的，他以前所犯的罪孽也足以讓他千刀萬剮了。」於是皇上就誅殺郭解全族。

人物

郭解（生卒年不詳），字翁伯，軹縣（今河南濟源）人，西漢時代的遊俠。年少時好勇鬥狠，年紀漸長性格有所收斂。郭解的外甥，仗著他的勢力強灌人酒，後被人所殺，郭解的姐姐想要叫他替兒子報仇，郭解認爲是侄兒理虧，就沒追究此事，因爲此事受到敬重。事蹟記載在司馬遷《史記．遊俠列傳》。

釋評

「體別」，這一篇主旨在說明每個人的差異性，而這個差異性是由人內在的才能氣質來決定的。

「中庸」所具備的中正平和的材質稟性，是指人普遍的個體性質。所謂的「中庸」是落實在人的氣質才能上說的，這種特性無法以語言來表達，因爲語言是有侷限性的，一但以特定的語言來下定義，就只能表達某一個具體的特性，而忽略了其他的特性。中庸資質之人的特性是，具備各種才能氣質，不偏於某一方面，可以面面俱到，無論遇到什麼樣的處境，都能隨心所欲的去應對。這當然是一種理想，能夠體現中庸資質的人是少之又少，大體說來只有古代的聖人才能達到這樣的標準。

所以，劉邵下面列舉了，一般人因爲氣質才能的不同，所展現出來的個體樣貌也有所不同。他列舉了十二種不同個體所具有的氣質才能，分別論述它們的優點與缺點。諸如：嚴肅正直，剛強正義；柔順安詳等等的人格特質，上文已經詳細翻譯，此處略過不再贅述。

名人佳句

勇猛剛強者戒於太暴。

這句話是東晉時代的干寶所說的，摘錄於《立言》，意思是說：「勇猛剛強的人應當以太過殘暴引以為戒。」性格勇猛剛強的人，往往仗著自己過人的武力與矯健的身手，一言不合就大打出手，甚至為了報仇而殺害仇家。如果是懲罰惡人固然大快人心；但若對方僅是出言不遜，就大打出手，未免有恃強凌弱之嫌。所以，勇猛剛強的人，應當要收斂自己的脾氣，萬事不要強出頭，若有仇怨可以尋求法律途徑解決，否則若是做出違法的事情，遲早會受到法律的制裁。

原文

及其進德之日，不止揆中庸，以戒其材之拘抗；而指人之所短，以益其失；猶晉楚帶劍，遞相詭反也。是故：

彊毅之人，狠剛不和，不戒其彊之搪突，而以順爲撓，厲其抗；是故，可以立法，難與入微。

柔順之人，緩心寬斷，不戒其事之不攝，而以抗爲劌，安其舒；是故，可與循常，難與權疑。

雄悍之人，氣奮勇決，不戒其勇之毀跌，而以順爲恇，竭其勢；是故，可與涉難，難與居約。

懼愼之人，畏患多忌，不戒其懦於爲義，而以勇爲狎，增其疑；是故，可與保全，難與立節。

譯文

上述這些不符合中庸之資質的人，當他們不斷修養自己的品德日漸精進時，若不能以中庸之道爲標準，改正他們過猶不及的缺失，以自己的長處，批評他人的短處，只會更加深自己的缺點，就像楚國人與晉國人互相指責對方把劍佩帶反方向一樣。以下舉例說明：

堅強剛毅，凶狠殘暴而不妥協的人，不改正他們爭強好勝，唐突粗暴的缺點，反而以柔順屈服爲恥辱，只會更加彰顯他們亢奮躁進的一面。所以，他們雖可制定法律約束人民的行爲，但無法做到體察民意，將人民導向正途。

柔順溫和的人，行動緩慢而優柔寡斷，不改正他們不擅於治理政務的缺點，反而以積極躁進爲恥辱，安於行動舒緩的處世態度。所以，雖然他們可以循規蹈矩，堅守正道，卻無法在短時間之內做出正確的決斷，排解一切疑難雜症。

勇猛剽悍的人，意氣風發，勇敢果斷，不改正他們因爲勇猛而造成的過失，反而認爲和順爲怯懦的表現，更加的任性妄爲。所以，雖然他們可以度過艱難的時期，卻無法安於窮困的處境。

小心謹慎的人，處事畏首畏尾，多猜疑忌諱，不改正他們不敢堅持正義的懦弱行爲，反而認爲勇敢是輕舉妄動的表現，更加的猜忌多疑。所以，他們雖然可以保全大局，卻無法堅持自己的操守。

事典

優柔寡斷的唐高宗

唐高宗李治，早年被冊封爲太子時，其子燕王李忠也剛出生，李忠的生母地位卑賤，他也不受重視。高宗即位後，王皇后膝下無子，就將李忠過繼到王皇后名下，並立爲太子。後來王皇后被廢，武后有一個兒子李弘剛滿三歲，許敬宗請旨立爲皇太子，李忠自願讓出太子位，降封爲梁王。

武后的兒子被立爲太子，她更加志得意滿，朝政幾乎由她一人把持，高宗也無可奈何，但對武后頗爲不滿。武后又將道士召入宮中施行厭勝之術，高宗知道後大怒，要將武后廢爲庶人，就召上官儀前來與他商議此事。上官儀說：「皇后專權，令天下萬民大失所望，應當廢之以順應民心。」高宗說：「愛卿所言甚合朕的心意。」便令上官儀擬詔。高宗身邊的侍從知道後，趕緊前去向武后通報，武后就前來與高宗當面對質，質問他爲何要下詔廢后。高宗懼怕武后，就說：「這都是上官儀出的主意。」上官儀聞言十分寒心，說：「陛下性格溫和柔順，一向以仁孝治國，這本來是陛下的美德。可是自從武后代陛下執掌朝政之後，朝野上下頗多怨言，廢后的聲浪早就傳得沸沸揚揚，許多大臣奏請陛下廢后，可是陛下優柔寡斷，遲遲不肯頒詔。今日陛下召臣前來，意欲廢后，詢問臣的意見，臣以爲陛下終於下定決心要廢后。誰知武后一來，您因爲懼怕被武后埋怨，便將責任都推到臣下的身上，這樣敢做不敢當的個性，如何能承擔一國之君的重任，陛下此舉實在令臣寒心。」高宗說：「愛卿做事太過急躁進取，廢后如此大事，朕豈會聽你一人之言就妄下決斷，朕思前想後，武后並沒有太大錯處，不宜廢之。」上官儀說：「陛下出爾反爾，如何令天下萬民心服，有了過錯不思悔改，反而怪罪臣下教唆，何德何能坐天子之位？」高宗聽了很生氣，便怒斥上官儀退下。

後來因爲這件事高宗痛恨上官儀，剛好此時李忠謀逆，許敬宗就構陷上官儀也參與在其中，上官儀便因此獲罪被誅殺。

人物

上官儀，生於西元六〇八年，卒於西元六六露武年。字游韶，唐代陝州陝縣（今河南陝縣）人。貞觀初年，考中進士，朝廷徵召授弘文館直學士。遷秘書郎。善於撰寫文章，尤工詩詞。

釋評

那些無法體現中庸資質的人，如果不能以中庸之道作為標準，改正自己才能性格的缺失，反而會使得他們自身的缺點更加突顯鮮明。

這段文字蘊含兩個涵義：其一，中庸之道是一種行為規範，因為人無法透過後天的學習體現此中庸之道，只能把它當作一種行為準則，盡量的去符合中庸資質的標準。此處的中庸之道，指的是符合中庸資質的才能與性格，沒有道德的涵義，並非是孔孟儒家所指的道德標準，此處僅僅是一資質才性的標準而已。其二，符合中庸資質的人之所以少之又少，是因為人性「以己所長，攻其所短」的缺點，導致自己被其性格的優點所蒙蔽，無法正視自己性格的缺點，還將他人能夠彌補自己缺點的優勢當成一種缺失，這樣非但無法符合中庸資質，反而更加彰顯自己性格的缺點，離中庸資質的標準漸行漸遠。這就是莊子所說的：「儒、墨之是非，以是其所非，而非其所是。」儒家與墨家的學說各有其優缺點，儒家弟子以自己學說的優點去攻擊墨家學說的缺點；而墨家弟子同樣也以自己學說的優點，去攻擊儒家學說的缺點。最後，不但無法改進自己學說的缺點，反而陷入一種無止盡的攻擊撻伐之中。

劉邵舉了十二個例子來說明這種情況，礙於篇幅所限，本篇僅列出四種才能性格予以說明，其餘才能性格將收錄於後文。這十二個才能性格可以分為六組，因為他們是處於一種互補的狀態。

第一組，剛強與柔順。堅強剛毅，凶狠殘暴，絕不輕易妥協的人，擁有這種才能性格的人，應當以柔順溫和的性情來彌補其魯莽衝動、爭強好勝的缺點；而柔順溫和的人，恰好缺少的就是這種行事果斷、態度堅決的作風。所以這兩種性格的人，如果能互相彌補其不足，可以使才能性格更加完美，反之則會助長自己才能性格的缺點，而趨於極端。

第二組，勇猛與謹慎。勇猛果敢的人，行事果決，敢做敢當，可以堅守心中所認可的正義信念，他們的缺點就是無法忍耐、等待對自己有利的時機來臨，行事太過衝動。所以，應當以謹慎小心，顧全大局的性格來予以彌補其不足。而謹慎小心的人，因為行事畏首畏尾，導致無法堅守心中的信念，恰好缺少的就是勇敢果決，堅守正義的性格。

名人佳句

緩心而無成，柔茹而寡斷，好惡無決，而無所定立者，可亡也。

這句話是戰國時代韓非所說的，摘錄自《韓非子．亡徵篇》，意思是說：「做事不積極導致一無所成，柔懦而無法裁決事務，無法當機立斷，沒有主見的人，這樣的國君主政，就可以出兵將其消滅了。」韓非認為一個國君，若做事延遲不積極，導致政令無法推行，性格柔弱膽怯不敢出決斷，遇到事情無法當機立斷，毫無自己的主見，就可以出兵去討伐這個國家。換言之，這樣性格的人主政，就是一個國家亡國的徵兆。這種懦弱且優柔寡斷的性格，與劉邵所說的柔順溫和之人的性格是相符合的。

原文

凌楷之人，秉意勁特，不戒其情之固護，而以辨爲僞，彊其專；是故，可以持正，難與附衆。

辨博之人，論理贍給，不戒其辭之汎濫，而以楷爲繫，遂其流；是故，可與汎序，難與立約。

弘普之人，意愛周洽，不戒其交之溷雜，而以介爲狷，廣其濁；是故，可以撫衆，難與厲俗。

狷介之人，砭清激濁，不戒其道之隘狹，而以普爲穢，益其拘；是故，可與守節，難以變通。

修動之人，志慕超越，不戒其意之大猥，而以靜爲滯，果其銳；是故，可以進趨，難與持後。

沉靜之人，道思迴復，不戒其靜之遲後，而以動爲疏，美其懦；是故，可與深慮，難與捷速。

樸露之人，中疑實碏，不戒其實之野直，而以譎爲誕，露其誠；是故，可與立信，難與消息。

韜譎之人，原度取容，不戒其術之離正，而以盡爲愚，貴其虛；是故，可與讚善，難與矯違。

譯文

凌厲剛直的人，性情剛正耿直，不改正專斷獨行固執己見的缺點，反而把廣徵博引當作浮誇虛僞，更突顯他們專斷獨行的缺點。所以他們可以大公無私的判斷是非，卻無法得到大眾的擁戴。

能言善道的人，擅長分析推理，不改正言辭浮誇無實的缺點，反而認爲語言的規範是一種束縛，放縱思緒天馬行空，不知收斂。所以，可以跟他們談論浮淺表面的東西，卻無法與他們立下規範。

心胸寬廣的人，博愛好施，樂於助人，不改正交友混雜的缺點，反而將堅毅耿直視爲一種拘束，使得他們交友更加良莠不齊。所以他們可以安撫群眾，卻無法達到激勵世人的功效。

清高自傲的人，可以貶惡揚善，他們不認爲堅持清高的操守是一種自我限制，反而認爲寬大包容是同流合汙的作法，導致他們的行爲更加孤僻拘謹。所以他們可以堅持清高的操守，卻無法變通。

積極奮進的人，志向遠大，不改正好高騖遠的過失，反而認爲沉潛待時是停滯不前，更加突顯他們展露鋒芒的缺點。所以，他們可以積極進取，卻無法屈居人後，與世無爭。

沉穩內斂的人，思慮縝密，不改正靜待時機，行動緩慢爲缺失，反而將積極進取視爲魯莽衝動，把懦弱當成一種美德。所以，他們可以深謀遠慮，卻無法行動敏捷、把握時機。

質樸誠懇的人，單純直接，不改正魯莽率直的過失，反而認爲隨機應變是荒誕的行爲，更突顯他們率直眞誠的本性。所以，他們可以重諾守信，卻無法應付事情的變化。

詭計多端的人，可以測度人心，取悅別人，不改正心術不正的過失，反而將眞誠當成愚昧，推崇虛僞做作。所以，他們可以做成善事，卻無法矯正偏邪之謀。

事典

善於揣測人心的呂不韋

呂不韋是戰國時代的有名商人，有一次他到趙國的都城邯鄲做生意，偶然見到子楚。子楚是秦國庶出的公子，地位低賤，不受寵愛，所以被送到趙國來當人質，處境十分貧困，有志難伸。呂不韋對他頗爲欣賞，也十分同情他的處境，讚嘆的說：「這個人眞是一個値得珍藏的貨品，可以囤積起來，等待時機賣個好價錢。」於是就前往拜見子楚，對他說：「我能使你光耀門楣。」子楚笑著說：「你先光大你自己的門楣之後，再來對我說這句話吧！」呂不韋說：「你有所不知，我的榮華富貴必須依靠你才能得到啊！」子楚覺得他不是個簡單的人物，就坐下與他深談。呂不韋說：「秦王老了，立安國君爲太子。太子最寵愛的是華陽夫人，夫人膝下無子，如果公子你能成爲華陽夫人的養子，那麼就是名正言順的嫡子。待秦王百年歸老之後，安國君即位，你就是太子，還愁將來沒有榮華富貴的一天嗎？」子楚說：「此計甚好，只是我父王有二十幾個兒子，而我只是一個默默無名的庶子，還在趙國充當人質，華陽夫人如何能想起我來？」呂不韋說：「所以我們要先了解華陽夫人的喜好，投其所好，博得她的歡心，到時候她就能對我們言聽計從，公子你的心願不就可以達成了？」子楚說：「可是我聽說要待人以誠，才能得到別人的眞心相待，爲了自己的目的而欺騙對方，就算達到目的也不夠光明正大。」呂不韋說：「公子在趙國以誠待人，結果換來的就是住簡陋的房子，吃粗茶淡飯，若是你還這樣消極懦弱下去，將來你那些兄弟爭王位的時候根本沒有你的立足之地。」子楚最終被呂不韋給說服。

之後呂不韋前往秦國，先是蒐羅稀世珍寶巴結華陽夫人的大姊，再由華陽夫人的大姊引薦他前往拜見。呂不韋對華陽夫人說：「我聽說以美色侍奉夫君的人，是無法長久享受寵愛的，因爲人總有年華老去的一日，等到那天夫人該如何自處呢？」華陽夫人就問：「不知先生有何高見？」呂不韋說：「現今夫人侍奉太子，雖然得到寵愛卻無子嗣，不如在諸公子中選一位賢能孝順的收爲養子，等到太子百年之後，您的養子繼任爲秦王，您就可以母憑子貴，不會失去權勢，豈不是兩全其美？」華陽夫人說：「我也有此打算，只是不知哪一個公子最爲合適？」呂不韋說：「眾公子中以子楚最爲賢能孝順，而且他的生母又不受寵，若能依附夫人，定然將夫人當作自己的母親一般侍奉，等到他繼位爲王，夫人依然能常保權勢不衰。」華陽夫人也覺得呂不爲所言有理，就對安國君說：「妾有幸可以進宮侍奉太子，卻不幸沒有子嗣，希望能立子楚爲嗣，這樣妾身以後也有個依靠。」安國君就答應了。

西元前二五一年，秦昭襄王嬴稷薨逝，太子安國君繼位，爲秦孝文王，才過一年也過世了，儲君子楚繼位，即秦莊襄王。襄王即位後，呂不韋就被拜爲宰相，權傾一時。

人物

呂不韋，戰國時代宪國濮陽（今河南濮陽南）人。生於西元前二九二年，卒於西元前二三五年。他是有名的大商人，因輔佐秦莊襄王即位，而爲秦國宰相，後封文信侯。集結門客編撰《呂氏春秋》一書。呂不韋最後因與太后私通，被秦王政將流放於蜀，服毒身亡。

釋評

這邊接續前文將人的才能性格分爲互補的特質：

第三組，剛正耿直與能言善辯。性情剛直的人，容易相信自己的主觀判斷而不採納客觀的分析，所以他們可以堅守正道，判斷是非，卻無法得到大眾的認同與服從。這樣的人應當以分析推理，靈活貫通來彌補其才能性格的缺失；而擅長言辭辯論，心思靈動的人，反而太過傾向於客觀的分析推理，喪失主觀的判斷，容易流於空談不切實際，這種人只能紙上談兵，而無法落實在具體的行動上。

第四組，心胸寬廣與清高自傲。心胸寬廣，博愛好施的人，容易獲得人們的喜愛與親附，以致於他們交友廣泛，但是因爲無法堅持自我的原則，所以導致交友混亂，無論好壞都一併接納。與其相反的是擁有心高氣傲，能夠堅持高潔操守特質的人。他們潔身自愛，從不做違反他們個人原則的事情。但是他們無法容忍與他們處世原則不同的人，要他們接受與其自身處世態度不同的人，被視爲是隨波逐流，同流合汙的行爲，這是他們所不齒的。

第五組，積極進取與沉穩內斂。積極進取的人，立志高遠想要成就一番大事，但容易好高鶩遠，而且無法沉潛等待適當的時機。沉穩內斂的人正好可以彌補其才能性格的不足。但是沉穩內斂的人，往往過於謹慎，不敢輕舉妄動，就會顯得過於懦弱膽怯，正好需要積極進取以彌補其才能性格的不足。

第六組，單純率眞與詭計欺騙。單純誠懇的人，不喜歡欺瞞詐騙，給人一種值得信賴的感覺，其缺點是講話太直接容易得罪別人，說話之前欠缺考慮而魯莽衝動。與其性格相反的是詭計多端的人，他們心機深沉，習慣偽裝自己，懂得迎合別人的喜好來討好對方，隱藏自己的眞實心意。單純率眞剛好可以彌補其心機太重的缺失。

以上六組列舉偏才之人的具體特點，他們不是過於亢奮躁進，就是太過謹慎小心，畏首畏尾。亢奮躁進是偏於陽氣的表現；謹愼小心，畏首畏尾是偏於陰氣的表現。陰陽二氣無法互相調和，才會導致人的氣質性格過猶不及，失去中庸平和。

名人佳句

慧智出，有大偽。

這句話是春秋時代老聃所說的，摘錄於《道德經．三十三章》，意思是說：「人為了達到目的而使用投機取巧等手段，才讓世間有了虛偽狡詐的行為出現。」這裡的「慧智」並不是褒義詞而是貶義詞，指的是投機取巧、賣弄小聰明、耍滑頭等手段。人往往為了自身的利益，達到自己爭權奪利的目的，所以使出些手段以達成自己的目的。因此，人世間才生出許多虛偽狡詐的事端，這樣的人是不敢在人前顯露自己的真心，因為真誠會暴露自己的弱點，無法達到他們的目的。

原文

夫學所以成材也，恕所以推情也；偏材之性，不可移轉矣。雖教之以學，材成而隨之以失；雖訓之以恕，推情各從其心。信者逆信，詐者逆詐；故學不道，恕不周物；此偏材之益失也。

譯文

人通過後天的學習，可以使其才能得以實現，成爲一具體可用之才；恕道可以推己及人。偏材的資質是無法移轉的。雖然可以後天通過學習來培養，才能一旦有所成就，與先天材質情性相違背的東西，馬上就會忘記；雖然以恕道教導他們，然而遇到事情，他們還是由其先天的才能秉性去處理。守信的人，相信對方也是同樣信守承諾；陰謀詭詐之徒，相信別人也是一樣陰謀詭詐。所以無論後天如何學習聖人之道，仍然無法體現恕道的精神；偏離中庸資質的才能性格也越加嚴重了。

事典

機智變通的賈詡

賈詡是三國時代曹魏著名的謀士，年輕時默默無名，只有漢陽人閻忠覺得他異於常人，時常對人說：「賈詡頗有才幹，就像張良、陳平那樣出類拔萃，況且他讀過不少聖賢書，將來一定能幹一番大事。」賈詡被舉薦為孝廉，做了郎官，卻因病辭去官職，在返鄉的路上被叛變的氐人所擒，同行的數十人也一同被捉了。賈詡害怕被殺掉，就騙氐人說：「我外公是太尉段熲，你們如果留我一命，我家人一定會拿重金前來贖我。」段熲是守衛邊防的將領，威名鎮攝西部邊疆，氐人一聽段熲的名號果然有所忌憚，不敢加害賈詡，與他結盟並且送他回去，其他被捉的人都被殺害了。回家之後，家裡的人問賈詡是如何從氐人手裡逃脫的，賈詡便將經過告知家人。家人說：「眞是好險哪！幸好你機警聰明，知道變通，否則現在已經變成氐人的刀下亡魂了。」賈詡回答：「我知道氐人一向懼怕段熲的威名，故意假借他的名號來嚇嚇他們，幸好他們相信我的說辭沒有懷疑。」

後來賈詡投奔段煨，賈詡在當時已經小有名氣，段煨擔心兵權會被他搶走，表面上對他很禮遇，心裡卻暗自提防他。賈詡有所察覺，心中感到不安，就想要離開段煨，他暗中與張繡結交，張繡派人去迎接他。賈詡要動身之前，有人就問他說：「段煨對你一向很禮遇，你為什麼要離開他轉而投奔張繡呢？」賈詡回答說：「段煨生性猜忌多疑，對我頗爲猜忌，雖然對我禮遇有加，卻無法長久依靠，若是留下一定會被他給謀害。我離開他心中一定歡喜，又希望我能爲他尋得強而有力的外援，所以必定會善待我的妻兒。張繡缺少一位謀士，他又想要得到我的輔佐，那麼我自身與家室都能安全了。」那人說：「我聽說你年少時不少的事蹟，你每次遇到危難，都依靠自己的機智變通逃過一劫，說得好聽叫做智慧，說不好聽就是陰謀詭詐。你說段煨猜忌你，動了想要謀害你的心思，難道不是因爲你善用智謀揣度人心，所以才會覺得別人都跟你一樣，善用智謀算計別人。」賈詡說：「在這個亂世想要求生存，就得比別人多一個心眼，如果人人都相信聖賢所說推己及人的忠恕之道，而處處待人以誠的話，那麼早在我被氐人劫持時，就已經被殺害了，哪裡還能站在這裡和你講話呢？」於是賈詡便動身前往投奔張繡，張繡對他禮遇有加，一如他所預料的那樣，段煨果然善待他的家人。

人物

賈詡，字文和，武威姑臧（今甘肅武威）人。生於西元一四七年，卒於西元二二三年。他曾在東漢年間歷仕於董卓、李傕、段煨、張繡、曹操、曹丕等人。後來他幫助曹丕登上帝位，曹丕即位後，封賈詡爲太尉，進爵魏壽鄉侯。享年七十七歲，諡曰肅侯。

釋評

劉邵認爲才能是可以通過後天學習培養，但是天生的資質性格卻是上天所賦與，即便透過後天的學習也無法體現聖人中庸的材質稟性。這是因爲劉邵所說的恕道、中庸都是落在人具體的資質稟性上說的，資質稟性是無法通過後天學習改變的，因爲人會根據他自身的才能性格來待人處世，即便後天教導他聖人的恕道，最後還是會依照自身才能稟性來行事，學得再多也是徒勞。

孔孟認爲人之所以能夠實踐道德，是因爲仁心善性是人內在本有的，不是通過後天學習而來的，也不是一種強要人去遵守的道德規範，而是出自每個人仁心善性的自我要求，很自然地就能寬恕別人，體現恕道的精神。而劉邵則否認人有此仁心善性，所以無論後天如何學習聖人之道也是無用。

名人佳句

我無爾詐，爾無我虞。

這句話是春秋時代左丘明所說的，摘錄自《春秋左傳》。意思是說：「我不欺騙你，你不欺騙我。」這句話的原意是，開誠佈公，互不欺騙的意思。後來演變為，自己與對方互相欺騙，勾心鬥角。以誠待人，別人也自然會以誠相待；反之，如果使用陰謀伎倆算計對方，對方也會如此相待。

流業卷

蓋人流之業，十有二焉：有清節家，有法家，有術家，有國體，有器能，有臧否，有伎倆，有智意，有文章，有儒學，有口辨，有雄傑。

若夫德行高妙，容止可法，是謂清節之家，延陵、晏嬰是也。建法立制，彊國富人，是謂法家，管仲、商鞅是也。思通道化，策謀奇妙，是謂術家，范蠡、張良是也。兼有三材，三材皆備，其德足以厲風俗，其法足以正天下，其術足以謀廟勝，是謂國體，伊尹、呂望是也。

原文

蓋人流之業，十有二焉：有清節家，有法家，有術家，有國體，有器能，有臧否，有伎倆，有智意，有文章，有儒學，有口辨，有雄傑。若夫德行高妙，容止可法，是謂清節之家，延陵、晏嬰是也。建法立制，彊國富人，是謂法家，管仲、商鞅是也。思通道化，策謀奇妙，是謂術家，范蠡、張良是也。

譯文

人才依據專長的類別，可以區分為十二種類，分別為：清廉守節者、尚法明刑者、出謀劃策者、國家棟樑者、才能者、品評者、奇巧者、智謀者、擅長文字者、儒學者、辯論者、雄才豪傑者。德行高潔，能堅持清廉的操守以為天下之典範者，稱為清節家，這類的代表人物是延陵季子（季札）、晏嬰。

能建立律法制度，富國強兵的人才，稱之爲法家，這類代表人物是管仲、商鞅。

思想敏捷，能夠因事制宜，出謀劃策的人才，稱之爲術家，這類代表人物是范蠡、張良。

事典

能堅持操守的季札

季札是春秋時代吳王壽夢的第四個兒子，季札賢能，吳王想打算立他爲儲君。季札拒絕說：「歷朝歷代皆是立嫡長子爲太子，兒臣上面還有三位兄長，再怎樣也輪不到兒臣，還請父王立大哥諸樊爲太子吧！」吳王說：「寡人雖有四個兒子，但眾多兒子中只有你最爲賢能，是最適合的繼任國君人選。」季札說：「俗話說長幼有序，若是父王不立大哥爲儲君，傳出去別人會說我僭越本份，不顧兄弟手足之義，兒臣不想背負這對兄弟不義的名聲，還請父王立大哥爲太子。」吳王覺得季札所言有理，於是立長子諸樊爲太子，命季札攝政輔佐。

吳王壽夢薨逝，諸樊即位後，等到喪期已滿，他打算將王位讓給季札。諸樊說：「我知道父王本想立你爲儲君，但你爲顧全兄弟手足之義，所以才推辭。如今爲兄自願將王爲讓給你，希望你不要推辭。」季札說：「難道在兄長的心中，我是那種爲了名利權勢就罔顧節操的小人嗎？您是父王所立的儲君，父王逝世後您理所當然繼任王位，我若是接受您的讓位就是名不正、言不順，那麼我的操守將蕩然無存，這不符合我的處世原則，還請王兄不要爲難我。」當時吳國百姓都擁戴季札爲國君，季札爲了表明心跡，就拋棄他的妻兒去種田，吳國百姓才打消這個念頭。

吳王諸樊薨逝後，沒有傳位給他的兒子，反而將王位傳給次弟餘祭，打算這樣一直將王位傳下去，直到傳到季札爲止，以符合吳王壽夢的遺願。兄弟們也都讚賞季札的德行，所以就將王位按照兄弟的排行依次傳下去。

人物

季札，姬姓，名札，生卒年不詳，吳王壽夢第四子。季札素有賢名，壽夢欲傳位給他，季札拒不接受。長兄諸樊即位，他爲了表明自己無心王位的決心避居鄉野。吳王的王位按照壽夢兄弟的次序排行，一直傳到第三個兒子餘眛，餘眛死後，使者前往迎接季札回去繼承王位，季札仍然不接受，便逃走了。王位最後由吳王僚繼承。因爲季札的封地在延陵，又稱爲延陵季子，以高尚的節操著稱於世，所以劉邵將他列入清節家。

釋評

「流業」是順著每個人的資質稟性，言其各類人才適當相宜的表現。劉邵將人才依其特殊專長區分爲十二種類。前八種以德、法、術來概括。清節家，指的是品德高潔，操守令人景仰，可以爲天下樹立典範的人，以德行著稱。法家，是能建立律法制度，協助君主富國強兵的人才。術家，擅長應對各種情況，制定適當的策略，爲君主出謀劃策的人才。國體，輔佐君王的股肱之才。器能，具有氣度、才能的人。臧否，能夠分辨是非、善惡，以此爲標準衡量別人。伎倆，運用巧妙的施政方針來治理國家的人才。智意，能夠運用智謀、權術的人才。文章，擅長寫作文章，著書立說的人。儒學，精通儒家思想典籍的人才。口辨，擅長辯論，能言善道的人才。雄傑，膽識過人，驍勇善戰的人才。

名人佳句

舉世皆濁我獨清，衆人皆醉我獨醒。

這句話是戰國時代屈原所說，摘錄自《漁父》，意思是說：「世人都隨波逐流，只有我清高自守；衆人都沉醉其中，只有我獨自清醒。」這句話是屈原形容自己的高尚節操，當世人都在追名逐利時，為了達到目的不擇手段，只有屈原堅持自己的原則不願同流合汙。只要是人很難不受到名利權勢的誘惑，特別是身處亂世還能堅持自己的原則，不為了自身利益出賣國家百姓，這種品德高尚的人是很難能可貴的。

原文

兼有三材，三材皆備，其德足以厲風俗，其法足以正天下，其術足以謀廟勝，是謂國體，伊尹、呂望是也。

兼有三材，三材皆微，其德足以率一國，其法足以正鄉邑，其術足以權事宜，是謂器能，子產、西門豹是也。

譯文

同時具有德、法、術三種才能的人，且這三種才能都很完備。這樣的人特點是：他的德行足以振奮世俗，他所建立的法律制度可以做爲天下臣民行事的準則，他雖遠在廟堂之上，所制定的謀略卻能決勝於千里之外，這樣的人稱爲國體，這類的代表人物是伊尹、呂望。

同時具有德、法、術三種才能，但三種才能並不完備。這樣的人特點是：他的德行足以作爲一國的表率，他所制定的法律可以匡正地方風俗，他的謀略可以因事制宜，這樣的人稱爲器能，這類的代表人物是子產、西門豹是也。

事典

具有國體之才的伊尹

夏桀暴虐荒淫，百姓怨聲載道，苦不堪言。伊尹生當此時，他滿懷抱負理想，又胸懷謀略，想要尋找一位値得輔佐的君主，匡扶社稷，撥亂反正，協助國君把國家治理好，讓百姓過上安居樂業的生活。伊尹聽說商部落首領成湯很賢能，很能體恤百姓，於是便想前往拜見他，可是苦無門路。於是他想出一個辦法，喬裝爲有莘氏的陪嫁，揹著烹煮食物的鼎和切肉的砧板去見成湯，以菜餚的味道爲比喻議論國家大事，讓成湯實行王道。成湯很欣賞他，便對親信說：「伊尹這個人很有謀略才學，實在是一個不可多得的人才，這樣的人怎麼會只是一個陪嫁呢？」於是便派親信去打聽，親信回報說：「伊尹是一位德行崇高且有才學的人，他厭惡當今夏桀當政，朝政腐敗，所以不願爲官。王上既然很欣賞他，何不派人前往聘請他前來輔佐您呢？」成湯便聽親信的建議，派遣使者前往迎接伊尹，使者往返五次，伊尹才答應前往輔佐成湯。

後來，成湯親自率領諸侯，討伐暴虐的夏桀，伊尹也跟隨前往，最後打敗夏桀，建立商朝。

伊尹被封爲阿衡的官職，相當於宰相，他殫精竭慮的輔佐成湯，實行王道，百姓都對成湯歌功頌德、心悅誠服。成湯號稱「武王」。

成湯時常對人稱讚伊尹，說：「伊尹這個人是少見德、法、術三種才能都具備的人才，即便是在上古時代也很少見。他的品德高風亮節，可以激勵世俗民心，讓人民走上仁義的正道；建立的法律制度，獎賞有功的人，懲罰犯罪的人，讓國家的政治走上軌道；行軍打仗時，他總是能出奇制勝，平定天下後，他雖身處廟堂之上，可是對於遠在千里之事，皆能瞭如指掌。」成湯逝世後，伊尹接連輔佐外丙、仲壬、太甲、沃丁五代君主，爲商朝建立輝煌盛世。

人物

伊尹，名摯，輔佐成湯，滅夏朝建立商朝的賢能宰相。成湯駕崩，他的孫子太甲即位，因爲昏庸無能，被伊尹流放到桐地（今河北臨漳）。期間由伊尹攝政，後來太甲悔過，伊尹又將他迎回復位。沃丁八年（西元前一五四九年），伊尹病逝，享年一百歲，帝沃丁以天子之禮安葬。

釋評

德、法、術作爲品鑑人物專業才能的基本原則，這三種才能皆具備的人才稱爲兼才。兼才型人才又可根據對德、法、術才能的精通程度分爲兩種：最上乘的是「國體」，堪爲宰相之才。下乘的是「器能」，雖然德、法、術三者兼備，但由於自身的資質才能有限，無法將這三種才能完全發揮出來，所以只能擔任政府要員。

名人佳句

先有司，赦小過，舉賢才。

這句話是孔子所說，出自《論語・子路篇》，意思是說：「自己當為百官之表率，赦免犯了小過錯的人，推舉賢能的人才。」無論在哪個朝代，任用賢才是最重要的，好的人才可以輔佐君王將國家治理好，使人民安居樂業，使百官各司其職，達到事半功倍之效。

原文

兼有三材之別，各有一流。

清節之流，不能弘恕，好尚譏訶，分別是非，是謂臧否，子夏之徒是也。

法家之流，不能創思圖遠，而能受一官之任，錯意施巧，是謂伎倆，張敞、趙廣漢是也。

術家之流，不能創制垂則，而能遭變用權，權智有餘，公正不足，是謂智意，陳平、韓安國是也。

凡此八業，皆以三材爲本。故雖波流分別，皆爲輕事之材也。

譯文

只具備德、法、術其中一種才能的人，各自形成一個流派。

節操崇高的人，不能寬恕待人，喜歡譴責別人的缺點，以是非善惡的標準評斷他人的對錯，這種人稱爲臧否，這類的代表人物是子夏。

法家流派的人，不能開創新格局，深謀遠慮，但卻可以授予他官職，他可以專心處理職權範圍內的政務，以巧妙的方法和施政方針治理百姓，這種人稱爲伎倆，這類的代表人物是張敞、趙廣漢。

術家流派的人，不能制定萬世遵循的法律制度，卻能因應時局的變化制定應對的方針，雖然可以運用智謀解決問題，卻無法保持公允，這種人稱爲智意，這類的代表人物是陳平、韓安國。

以上八類，均以三才爲基礎。雖然有層次等級之分，都是能獨當一面的人才。

事典

足智多謀的陳平

陳平是輔佐漢高祖劉邦登上帝位，平定天下的謀臣之一。

他曾經投入魏王麾下，因爲魏王不採納他的計策而逃走，後來加入項羽的陣營，沒多久又離開項羽，在魏無知的引薦下投奔漢王劉邦。

劉邦初見陳平，覺得他有謀略很欣賞他，就任命他爲督尉，主管護軍事務。其他的將領見了，很嫉妒他，在背後小聲的議論說：「陳平這個楚王的叛逃將領，來歸順大王不過才一日，也不知他是否眞有才能，就能與大王同乘一車，反而讓他來監督我們這些老將。」

陳平未立功勳，絳侯、灌嬰等人對劉邦說他的壞話：「陳平雖然相貌俊美，然金玉其外，敗絮其中。臣聽說他在家裡時與嫂嫂通姦；侍奉魏王，魏王無法信用他，就逃到楚王項羽的麾下；楚王又與他不合，才來跑來投奔漢王。像這樣反覆無常的小人，大王還以尊貴的官職授予他，命他爲護軍。我聽說陳平私下接受其他將領的賄賂，誰給他錢多他就給那個人好處，給他錢少的他就給那個人壞處。這樣沒有德行的小人，怎能跟隨在大王左右，還請大王三思。」

劉邦聽了這番話，開始對陳平產生懷疑，就把魏無知叫來，責怪他舉薦不力。魏無知說：「臣說陳平有才幹指的是他的能力；陛下所問的是他的德行。天下間不乏忠孝節義之士，但是那些人能助大王平定天下，得到江山嗎？現今正是楚漢相爭王位之時，臣看重的是陳平的智謀，只有能爲大王出謀劃策的人才對國家有利啊！就算他品德不良，那又有什麼關係呢？」

劉邦就將陳平召來，問他說：「先生前後侍奉過魏王與楚王，現在又來投靠寡人，你這樣三心二意的人，要寡人如何能放心任用呢？」陳平說：「臣侍奉魏王，魏王不能採用臣的計策，所以才轉而侍奉項王。項王又任人唯親，就算有奇謀之士也無法重用。臣聽說漢王懂得重用賢才，所以才來投靠。臣孤身一人前來，需要金錢作爲資本，所以才接受那些人的賄賂。如果臣的計謀有可用之處，希望大王能夠採納；如無可用之處，還有金錢在身，請允許臣辭官，回家鄉終老。」劉邦聽了之後，就向他道歉，並且厚賞他，拜他爲護軍中尉，監護軍中所有將領。其餘將領再不敢說他的閒話。

後來，楚軍攻勢加劇，斷絕漢軍運糧通道，將劉邦爲困於滎陽城。雙方僵持許久，劉邦請求割讓滎陽以西之地求和。項王不接受議和。劉邦憂心忡忡的對陳平說：「天下紛亂，何時可以平定呢？」陳平說：「項王能夠禮賢下士，所以許多才智賢人都願意去投靠他，不過他的股肱之臣也不過范增、鍾離昧、龍且、周殷數人而已。項王這個人疑心很重，容易聽信讒言，若能行使反間計，楚軍定會內鬥，到時候漢軍再舉兵攻之，定能消滅楚軍。」劉邦採用陳平的計策，後來成功離間項羽身邊的重臣，使他眾叛親離，爲後來漢軍的獲勝打下基礎。

等到劉邦平定天下後，論功行賞，陳平雖然也受到封賞，可是同樣作爲謀士，劉邦卻拜蕭何爲宰相。有人就問劉邦原因，劉邦回答：「陳平雖然足智多謀，爲朕出謀劃策，立下許多汗馬功勞，可是他無法像蕭何那樣，能夠制定萬世遵循的典章制度。而且他初來投靠朕時，因爲需要金錢所以收受將領的賄賂，雖然情有可原，可是如此處事有失公允，這樣的人並非是宰相的第一人選。」

蕭何逝世後，由曹參繼任爲相國，到了漢惠帝時，陳平才被任命爲左丞相。

人物

陳平，生卒年不詳，漢初陽武（今河南省陽武縣東南）人。年幼時喜好讀書，容貌俊美，足智多謀。曾侍奉魏王、項羽不能受到重用，後來投靠漢高祖劉邦，因屢出奇策，立下功勳。惠帝時，官至左丞相。卒謚獻。

釋評

臧否、伎倆、智意這三種人才，是屬於偏才型，只具備德、法、術其中一種才能，因為無法全面掌握德、法、術三才，所以雖然有其專長之處，也有其缺失。

「臧否」，是清節家的偏才型，他們只能突顯清節家崇高的德行之優點，可以辨別善惡，論辯是非；缺點是無法寬宏大量包容別人的過錯，譴責別人的錯誤行為過於嚴厲。

「伎倆」，是法家的偏才型，這類人才的優點是，可以任用他們作為政府的重要官員，他們會盡心盡責的做好份內之事，並且能巧妙的運用手腕，制定具體的施政方針；缺點是眼光不夠長遠，只能著重眼前的事務，而無法做出長久的規畫。

「智意」是術家的偏才型，這類人才的優點是，可以根據事情的變化隨機應變，制定相應的策略，善於運用權術輔佐君王；缺點是無法創立典章制度，作為萬世遵循的法則，且有失公平公正。

以上八個種類，以德、法、術為基礎，雖然有層次上的分別，但都能做為承擔某一方面事務

的人才，此所謂「輕事之才」。吳家駒先生認爲「輕」當解作「經」，原文疑似有誤。（參見吳家駒譯注《人物志》，三民書局出版）

名人佳句

運籌帷幄之中，制勝於無形。

這句話出自司馬遷《史記．太史公自序》，意思是說：「在幕後運籌帷幄，就能在無形之中出奇制勝。」懂得運用智謀的人，只需要在幕後出謀劃策，就能讓在前線作戰的將領士兵搶得先機，出奇制勝。所以，謀士的人才對於君王來說是不可或缺的，在作戰時如有謀士出謀劃策，則能夠搶得先機，獲得勝利。

原文

能屬文著述，是謂文章，司馬遷、班固是也。
能傳聖人之業，而不能幹事施政，是謂儒學，毛公、貫公是也。
辯不入道，而應對資給，是謂口辯，樂毅、曹丘生是也。
膽力絕眾，才略過人，是謂驍雄，白起、韓信是也。
凡此十二材，皆人臣之任也，主德不預焉。

譯文

能撰寫文章，留下傳世的著作，這類的人才稱爲文章，代表人物是司馬遷、班固。
能夠傳承聖人的學問思想，卻無法擔任官職，這類的人才稱爲儒學，代表人物是毛公、貫公。
能言善道，所說的言論卻無法符合聖人之道，天資聰穎，對答如流，這類的人才稱爲口辯，代表人物是樂毅、曹丘生。

膽力超群絕倫，才略過人，這類的人才稱爲驍雄，代表人物是白起、韓信。

以上這十二種才能的人，都是可以擔任輔佐君王的能臣，卻不包括君主應當具備的才能資質。

事典

善辯的曹丘生

曹丘生是漢代的辯士，他能言善辯，時常以金錢巴結權貴，侍奉權貴趙同等人，與竇長君交好。季布聽說此事，就寫一封信勸諫竇長君說：「我聽說曹丘生德行有虧，做人處事沒有依循仁義之道，這樣的小人，您還是離他遠一點爲好，不要與他來往。」等到曹丘生回來，想要拜見季布，請竇長君替他寫封推薦信。竇長君說：「季將軍不喜歡你，你千萬別去。」曹丘生不聽勸，堅持要他寫信，竇長君勸不動他，只好遂他的心願，曹丘生拿著信就動身前往。

曹丘生先派人送信給季布，季布看信之後非常生氣，就等著曹丘生的到來要給他難堪。曹丘生到了之後，向季布作揖說：「楚人有句俗諺說：『得黃金一百，不如得季布一諾』，閣下爲何能夠在梁楚兩地得到這樣好的名聲呢？況且，在下是楚人，閣下也是楚人。在下遊歷四方替閣下宣傳美名，您卻這樣看輕我，閣下爲何如此拒我於千里之外？」季布聽了轉怒爲喜，請他進府，留他住了數月，奉爲座上賓，又送他許多禮物。季布之所以揚名天下，都是曹丘生的功勞。

人物

季布，秦末楚地下相（今江蘇省宿遷市宿城區）人，生卒年不詳。曾在項羽麾下效力，數次圍困劉邦，項羽敗亡後，被漢高祖劉邦懸賞緝拿。夏侯嬰認爲他是個賢才，就請求劉邦赦免他，劉邦聽從夏侯嬰的建議，並拜他爲郎中。惠帝時，官至中郎將。文帝時，任河東郡守。

釋評

這裡所列舉的四種專業型人才，包含在十二流業，卻不含在八德之中。「八德」指的是以德、法、術爲標準，依照其優劣高下分爲八種類別。「十二流業」指的是十二種可以輔佐君王的人才。其中，文章、儒學、口辯、驍雄等四種，是指在某一方面擁有專長領域的人才。

「文章」，是指擅長撰寫文辭，可以成一家之言。代表人物有：撰寫《史記》的司馬遷，是第一部紀傳體的史書，爲後代的史書樹立良好的典範。撰寫《漢書》的班固，是中國第一部紀傳體斷代史，在體例上承襲了司馬遷的《史記》，而略有變更。

「儒學」，是指傳承聖人學問的學者，但他們無法輔佐君王處理政務，只能負責安定民心，教化民俗風氣。這裡的聖人之學，指的是孔孟所代表的儒家思想。代表人物有：毛公，是漢朝初年傳授《詩經》的學者。分別指的是大毛公毛亨與小毛公毛萇。貫公，西漢時代的趙人，從賈誼受《春秋左氏傳訓故》。

「口辯」，這類人才雖然擅長辯論、舌燦蓮花，卻無法遵循正道，但是天資聰穎，對答如流。

「驍雄」，是指有勇有謀的人才，能爲君王開疆闢土，建功立業。

名人佳句

善者不辯，辯者不善。

這句話是春秋時代老子所說的，摘錄於《道德經．八十一章》，意思是說：「真正有善德的人無須為自己辯論是非，為自己辯論是非的人，一定不是擁有善德的人。」真正有善德的人，是內斂含藏，無論是否為自己辯解，都不會增添自己的善一分，亦不會減損自己的善一分，那麼辯與不辯又有何分別呢？反觀那些迫不及待為自己辯解的善辯之士，因其內在無德，只能依靠口舌辯論來為自己妝點一二，實則是虛有其表的表現。所以，善辯之士雖然巧舌如簧，然而他自己的德行有虧，只能依靠言辯來取得對方的信任。

原文

主德者，聰明平淡，總達眾材而不以事自任者也。是故主道立，則十二材各得其任也。

清節之德，師氏之任也。法家之材，司寇之任也。術家之材，三孤之任也。三材純備，三公之任也。三材而微，冢宰之任也。臧否之材，師氏之佐也。智意之材，冢宰之佐也。伎倆之材，司空之任也。儒學之材，安民之任也。文章之材，國史之任也。辯給之材，行人之任也。驍雄之材，將帥之任也。

是謂主道得而臣道序，官不易方，而太平用成。若道不平淡，與一材同好，則一材處權，而眾材失任矣。

譯文

君主在德行方面，要做到心思聰明卻不外露，能夠統御各方面的人才而不用事事親力親爲。所以君主的治國之道一旦制定完備，上述十二種人才就能各得其所用。

操守高尚的人才，可以擔任教導王儲及貴族子弟的職務。法家之流的人才，可以擔任刑部的官員。術家之流的人才，可以擔任輔佐三公的職務。德、法、術三才完全具備，可以擔任三公的職務。三才略微精通的人才，可以擔任太宰，即主理國政，統御百官的職務。臧否之流的人才，可以做爲輔佐師氏的官員。智意之流的人才，可以做爲輔佐太宰的官員。伎倆之流的人才，可以擔任執掌工程、建築、製造等專業類別的事務。精通儒學的人才，可以任命他們負責教化民眾，引導善良風俗的職務。擅長撰寫文章的人才，可以任命他們負責撰修國史。擅長辯論的人才，可以任命他們擔任外交官。驍勇善戰的人才，可以任命他們擔任將領與主帥，負責戍守邊疆，保家衛國。

所以君主的治國之道一旦建立完備，臣民就能各司其職，輔佐君王將國家治理得井井有條，各級官員善盡職守，則能國泰民安。如果君主聰明外露，偏好任用某一方面的人才，那麼那方面的人才就獲得到過多的權力，而使得其他領域的人才失去制衡，如此就無法使得各種人才發揮其應有的功用。

事典

有領導才能的劉邦

秦朝滅亡後，項羽自立爲西楚霸王，成爲天下共主，封劉邦爲漢王，也分封其他一同滅秦有功的群雄。劉邦對此次分封感到不滿，但因劉邦兵力不及項羽，只能隱忍下來。他表面上對項羽稱臣，實際上暗中招兵買馬。後來，群臣因不滿項羽，起兵反叛，劉邦也起兵攻之，遂展開了楚漢相爭的局面。

劉邦問丞相蕭何說：「當今局勢，兵力最強者乃是項羽，依丞相看寡人要如何才能擊敗項王，一統天下呢？」蕭何回答：「項羽雖然武力過人，兵力強大，但是他剛愎自用，不能聽信謀臣的建議，且他疑心甚重，猜忌身邊的人懷有異心，像他這樣的人遲早眾叛親離，大王不必憂慮。」劉邦說：「話雖如此，但寡人欲一統天下，對手並非僅僅是項羽而已，要如何才能壯大我軍的實力，將諸侯一一討伐平定呢？」蕭何說：「大王身爲領導者，最重要的就是禮賢下士，對待有用的人才要謙恭有禮，並且重用他們，才能讓臣下心甘情願爲大王效命。而今大王對待人才傲慢無禮，這樣的態度會令有才之士寒心，若是他們離開漢軍轉而投奔項王陣營，大王豈不是將這些人才拱手相讓嗎？」劉邦說：「丞相所言有理，寡人必會聽從你的勸諫。」蕭何又說：「大王身爲領導者，最重要的就是知人善任，把適當的人才放在適當的位子上，才能使他們發揮最大的功用，爲大王效命。」

劉邦問：「丞相有什麼好的建議嗎？」蕭何說：「大王麾下的謀臣，除了臣之外尚有曹參、陳平、張良等人，他們可以爲大王出謀劃策，因應局勢的變化制定適當的策略，若有好的計策大王應當聽從；出色的武將有韓信、樊噲等人，他們擅長披甲上陣，於千軍之中取敵軍首級，大王只需要信任他們，給予他們適當的權力，他們就能爲大王大王開疆闢土，立下功勳。」

劉邦聽從蕭何的建議，重用人才，對待像韓信、張良這樣的賢才，授予他們高官，使他們願意在劉邦麾下效命。因爲劉邦有了這麼多的賢臣良將的輔佐，又能接受臣下的勸諫，最終在楚漢相爭的局面中獲得勝利，後來又平定諸侯，終於一統天下，開創漢朝，建立不朽的功業。

人物

樊噲，漢代初年開國功臣，沛縣人（今江蘇省沛縣東）。生年不詳，卒於西元前一八九年。年輕時以宰殺狗爲業，後跟隨漢高祖劉邦起兵，屢立戰功，鴻門宴上項羽欲殺劉邦，張良找來樊噲英勇護主，救了劉邦一命。高祖即帝位，受封舞陽侯，卒謚武。

釋評

一個國家的領導者，並不需要具備所有的專業才能，只需要發揮凝聚的力量，將各方面的人才聚集在一起，並且確保他們可以得到合理的任用，如此一個國家就能夠被治理好，自然就能國泰民安。

依劉邵的見解，這樣的領導者必須具備「聰明平淡」的特點，即心思聰明，卻不偏袒重用某一方面的人才，能夠合理的將權力平均分配下去，如此各方面領域的人才就能互相制衡，發揮其應有的作用。反之，如果領導者無法做到「聰明平淡」的特點，過於重用某一方面領域的人才，使他得到過多的權力，那麼就會出現權力分配不均的情況，其他領域的專業人才處事就會受到制紂，而無法使各方面的人才各司其職，國家就無法被治理好。因此，一個國家是否能被治理好，各級官員能否各司其職，完全是看君主能否以「聰明平淡」的方式治理國家。

名人佳句

力戒驕傲，這對領導者是一個原則問題，也是保持團結的重要條件。

這句話是毛澤東在中共第七屆中央委員會第二次全體會議上所說的，意思是說：「身為領導人要戒掉自己的驕傲，如此才能夠確保全國人民的團結。」領導者最重要的能力，就是促進一個國家的團結，能確保全國人民上下一心，竭盡全力的為國效力，這樣的領導者才是一個合格的領導者。想要成為這樣的領導者，必須自我警惕不能夠太驕傲，因為如果自身太驕傲，就無法傾聽下屬們的意見，也無法以謙虛的態度對待下屬，如此容易使得上下離心。

材理卷

夫理有四部，明有四家，情有九偏，流有七似，說有三失，難有六構，通有八能。若夫天地氣化，盈虛損益，道之理也。法制正事、事之理也。禮教宜適、義之理也。人情樞機、情之理也。

原文

夫建事立義，莫不須理而定。及其論難，鮮能定之。夫何故哉？蓋理多品、而人異也。夫理多品、則難通，人材異，則情詭。情詭難通，則理失而事違也。

夫理有四部，明有四家，情有九偏，流有七似，說有三失，難有六構，通有八能。

若夫天地氣化，盈虛損益，道之理也。法制正事、事之理也。禮教宜適、義之理也。人情樞機、情之理也。

譯文

不論是創建事業或是設立規範，都會有標準的道理規範。但在發生爭論時，卻很少能有共同的結論。這是爲什麼呢？因爲道理有各種面相、層次，而每個人的才能性情也各有不同。各種面向的道理太多，難以彼此溝通理解；人的才能性情各有不同，立場便會相異。如此人情複雜難以溝通，就會失去依循的道理而出現事與願違的情況。

道理有四種類型，通曉道理的有四個方面的專家，人的才能情性會造成九種偏差，流變成七種似是而非的情況，言論有三種失誤，辯駁爭論會造成六種不良的後果，思辨明達需要具備八種能力。

天地孕育萬物，事物的發展變化，過度驕傲自滿會招致失敗；謙虛則會帶來好處，這是事物變化自然規律。建立法律制度，使各種事務有一客觀的法規標準可以依循，這是人事運作的常理規範。以適當的禮儀來教化百姓，使百姓能依循客觀的標準行事，是道德規範的原理原則。人的情感發動所依循的法則，是世態人情的常理。

事典

不懂人情世故的趙倫之

趙倫之是東晉末年及南朝宋初年官員，他的姊姊是孝穆皇后趙安宗。趙安宗是孝皇帝劉翹的妻子，宋武帝劉裕的母親。趙倫之年幼時家裡很貧窮，事母至孝。宋武帝劉裕起兵時，他因立下軍功屢次升任至雍州刺史。宋武帝稱帝後，因輔佐有功，被封爲霄城縣侯，進號安北將軍，鎮守襄陽。宋少帝趙昺即位後，召入拜授爲護軍，不久升任爲左光祿大夫、領軍將軍。

趙倫之雖然因是趙安宗的弟弟而身分顯貴，但他省吃儉用，沒有那些貴族子弟驕奢淫迷的習氣。不過他性格粗鄙狂野，不懂得內斂修飾，對於人情世故一竅不通，得罪了很多人。武帝在位時，他鎮守襄陽，爲一方之首，覺得頗爲得意。少帝即位後，他僅僅當了一個護軍，覺得這個官職與他的才能不相匹配，覺得鬱鬱不得志，就問他的親信說：「以我這樣的才能，以前跟隨武帝征戰時又立下軍功，現在卻僅僅當個護軍，實在是太委屈我了。」親信就勸諫他說：「那是因爲大人不懂得巴結權貴，雖然大人性格簡約樸素，不屑與那些世家大族往來，可是人情世故總是要懂得，逢年過節送些禮物去也無傷大雅。」趙倫之說：「我就是看不慣那些世家子弟矯揉做作的模樣，明明沒什麼交情，卻要裝得很熟稔的樣子，這種虛情假意的事情我可做不來。」親信開導他說：「人情世故是出自於人與人之間情感交流的需求，這已經形成一種約定俗成的規範制約，就算大人不屑於與他們往來，但爲人處事，卻不可不遵守這個規範，否則就會被人排擠，這就是大人之所以鬱鬱不得志的原因。」

趙倫之沒有聽進去勸諫，依然我行我素。光祿大夫范泰就開他玩笑說：「司徒公這個職位有空缺時，一定會用你這個老奴，因爲你是外戚，早晚都會輪得到你做這個職位。」趙倫之聽了之後很高興，常常帶著美酒佳餚去探望范泰。但還沒等他做到這個職位就已去世。

人物

趙倫之，字幼成，下邳郡僮縣人。生年不詳，卒於西元四二九年。他是劉裕生母孝穆皇后宋安宗之弟。元興三年（西元四〇四年），跟隨劉裕起兵討伐篡晉的桓玄，並立下軍功受封閬中縣五等侯，後又跟隨劉裕討伐反叛的荊州刺史司馬休之及雍州刺史魯宗之，獲勝後被授予雍州刺史的官職。永初元年（西元四二〇年），劉裕篡奪東晉政權，自立爲帝，建立劉宋，趙倫之以開國元勳的身分被封爲霄城縣侯，進號安北將軍。於元嘉五年逝世。

釋評

「材理」，本篇主要論述依據人的才能稟性之不同，所通曉明白的道理也不同，再依據客觀的標準原則來闡述其具體的優缺點。這些具體客觀的標準原則，根據其特質與優缺點，劉邵區分爲：「理有四部」、「明有四家」、「情有九偏」等等。

道理可分爲四種類型：

「道之理」，是指天地萬物生成的原理原則，天地之間之所以有各種形形色色的萬事萬物，皆因其遵循陰陽調和的自然法則，此自然法則即是客觀外在的「理」，此「理」是超越一切有形的事物之上。故「材理」所論述的「理」皆可理解爲一切事物所依循的客觀法則。

「事之理」，指的是政治人事方面的客觀標準原則，人類社會皆依賴法律制度約束人的行爲，這就是客觀人事之理。

「義之理」，是倫理道德的規範，這類規範不同於「事之理」是外在制約，而是出自人內心自我的要求，很自然會去遵守的行為規範。例如：看到有小孩將要被車撞到，很自然的會將小孩抱起，而不會眼睜睜的看著他被撞，這就是孟子所說的「惻隱之心」，不忍他人受苦受難的心，這種內在的行爲規範就是義之理。

「情之理」，是指世態人情的規範制約，例如：親朋好友舉辦喜宴，會備禮前往祝賀。這種客觀法則是出自於人與人之間情感的自然表現，就是「情之理」。

名人佳句

世事洞明皆學問，人情練達即文章。

這句話是清代曹雪芹所說的，摘錄自《紅樓夢》，意思是說：「世態人情中隱含著許多做人處事的道理，懂得與人相處就是一篇巧妙的文章。」「學問」與「文章」本都是出自於書本中的道理，但光讀死書是無法教會我們如何在社會上立足，想要在社會上立足首先要先搞好人際關係，所以洞悉世態人情是不二法門。

原文

四理不同，其於才也，須明而章，明待質而行。是故，質於理合，合而有明。明足見理，理足成家。

是故，質性平淡，思心玄微，能通自然，道理之家也。

質性警徹，權略機捷，能理煩速，事理之家也。

質性和平，能論禮教，辯其得失，義禮之家也。

質性機解，推情原意，能適其變，情理之家也。

譯文

以上四種類型的道理法則各有不同，對於人的才能稟性來說，需要能夠內心通達明朗，才能使此道理法則如實顯現，內心的通達明朗又需要依靠自身的素質來決定。所以，人的自身素質能與道理法則相契合的，就能夠對其相應的道理法則通達明朗。唯有內心通達明朗才能掌握外在的道理法則，根據各人氣質才能之不同所能掌握的道理法則也有所不同，可以區分爲四種類型的專家。

所以，性情無欲無求，心思難以揣測，了解萬事萬物自然的道理，就能成爲道理方面的專家。

氣質才能機智敏捷，可以在短時間之內解決問題，可以成爲事理方面的專家。

氣質才能中正平和，可以談論禮法制度，教化人心，辨別是非得失，可以成爲義理方面的專家。

氣質才能聰穎悟性高，善於推敲別人的心思，能適應各種環境變化，可以成爲情理方面的專家。

事典

法家代表人物韓非

戰國時代的韓非原本是韓國的宗室公子，他曾經和李斯是同學，一同在荀子門下求學，李斯覺得自己的才學不如韓非。韓非有口吃的毛病，所以將自己的學術思想寫成文章。

韓非見到韓國日漸衰弱，而秦國又意欲吞併韓國，就屢次寫信勸諫韓王，書信中寫道：「臣聽聞明主統御臣下之道，應該廣求賢良的人才，以富國強兵爲目標，只有實際立下軍功的人才有資格受到封賞。現如今大王您用那些沽名釣譽的儒家學者，他們既不能爲國家生產糧食，也不能爲國家打仗，國家養著他們就是浪費糧食。而那些仗著有些武功到處行俠仗義的人，美其名是爲民伸冤，實際上是仗著自己的拳頭比別人大就目無法紀，恣意欺壓別人。臣看來，儒家學者與俠客都是國家的亂源，應當被禁止。」

韓王看了很生氣，就和親近的大臣討論，韓王不悅的說：「這個韓非憑什麼對寡人的施政指手畫腳，他不過是個連話都講不清楚的無能之輩罷了。」大臣說：「大王恐怕對韓非有所誤解，據臣所知，他聰明睿智，懂得權衡實際情況加以變通，他提出的富國強兵之策，的確一語道破韓國積弱的癥結所在，光憑這一點，就可以看出他絕非平庸之輩。」但韓國國君仍未採納韓非的意見，反而派他出使秦國。

秦王看了韓非呈上的書稿，非常欣賞他的才幹，卻礙於他是韓國人，始終無法消除對他的疑心。李斯擔心秦王若是重用韓非會危及自己的地位，就對秦王說：「韓非雖然有才幹，可他終究是韓國人，又怎麼會竭盡全力爲大王出謀劃策呢？大王若是將他遣回，難保哪一天他會幫助韓國對付秦國，留他一命終成大患，不如就隨便安一個罪名將他處決了。」秦王聽從李斯的話，下令將韓非關押起來。李斯派人在獄中送毒藥給韓非，要他自殺。韓非想要見秦王替自己辯解，卻始終無法如願。有人對秦王說：「韓非的才學勝過李斯許多，他是難得的輔弼之才，論智慧謀略，放眼秦國無人能及，況且韓非又能洞察國家問題的癥結所在，若能聽從他的建議對症下藥，秦國何愁不能實現統一六國的心願。」秦王覺得此人所言有理，想要將韓非放出，於是派人去獄中赦免韓非，卻晚了一步，韓非已經死在牢中了。

人物

韓非，生於西元前二八〇年，卒於西元前二三三年。戰國末期的韓國（今屬河南省新鄭市）宗室公子，曾拜荀子爲師，是中國法家思想的代表人物，在韓非之前的法家思想家都是偏重「法」、「術」、「勢」其中一個，只有他認爲「法」、「術」、「勢」三者不可偏廢，是法家的集大成者。他早年在稷下學宮遊學，受到黃老思想的影響，著有〈解老〉、〈喻老〉等篇，現收錄於《韓非子》一書中。後來他的思想轉型爲陰謀權術，教導君主如何統御臣下的方法。可惜韓非在韓國與秦國都未受到重用，最後死於秦國牢中。

釋評

人的氣質才能不同，能夠掌握的理也有所不同，根據每個人的才能稟性所能掌握相應的理，就能成爲那一方面的專家人才。上述四種外在客觀法則，分別爲：道理、事理、義理與情理。

能夠掌握道理的人才，稱爲「道理之家」，這方面的人才需要具備的氣質才能爲：清心寡欲，對於物質欲望很低，只要質樸簡陋的生活環境就可以怡然自得，而且可以掌握微妙玄通的道理，了解萬事萬物生成的基本原則。這是屬於哲學的專業領域。

能夠掌握事理的人才，稱爲「事理之家」，這方面的人才需要具備的氣質才能爲：機智敏捷，權宜變通，可以在短時間之內發現問題的癥結所在並快速解決。這是屬於政治學與社會學的專業領域。

能夠掌握義理的人才，稱爲「義理之家」，這方面的人才需要具備的氣質才能爲：性情中正平和，能夠談論禮法制度並教化人心，辨別是非對錯，對自身優缺點加以檢討。這是屬於倫理學的專業領域。

能夠掌握情理的人才，稱爲「情理之家」，這方面的人才需要具備的氣質才能爲：心思靈敏聰穎，領悟性高，可以洞察人心，了解每個人的性情，並且根據外在環境的變化做出因應的決定。這是屬於心理學的專業領域。

名人佳句

凡能用名法權術，而矯抑殘暴之情，則己無事焉；己無事，則得天下矣。

這句話是戰國時期尹文所說的，摘錄自《尹文子・大道下》，意思是說：「能善用名法權術治理國家，可以矯正人民兇殘暴力的性情，可以保全自身；自身得以保全，就能夠使天下獲得安定。」

以名法治國，國家人民就能安定，治安就會良好；戰爭的時候使用權術就能獲得勝利。所以，名法權術是治理國家的根本，若是使用得當，人民為了保全自身，就不會做違法犯禁的事情；國家遇到戰事時，使用權術獲得勝利，如此就能夠長治久安，君王也就能夠得到天下。

原文

四家之明既異，而有九偏之情。以性犯明，各有得失。

剛略之人，不能理微，故其論大體、則弘博而高遠，歷纖理、則宕往而疏越。抗厲之人，不能迴撓；論法直、則括處而公正，説變通、則否戾而不入。堅勁之人，好攻其事實，指機理、則穎灼而徹盡，涉大道、則徑露而單持。辯給之人，辭煩而意鋭，推人事、則精識而窮理，即大義、則恢愕而不周。浮沉之人，不能沉思，序疏數、則豁達而傲博，立事要、則濫炎而不定。淺解之人，不能深難；聽辯説、則擬鍔而愉悦，審精理、則掉轉而無根。寬恕之人，不能速捷；論仁義、則弘詳而長雅，趨時務、則遲緩而不及。溫柔之人，力不休強；味道理、則順適而和暢，擬疑難、則濡懦而不盡。好奇之人，橫逸而求異；造權譎、則倜儻而瑰壯，案清道、則詭常而恢迂。

此所謂性有九偏，各從其心之所可以爲理。

譯文

以上四類專家的才能稟性各有不同，所以人的性情衍生出九種不同的偏向。人的聰明才智被他們各自不同的性情所侷限，所以顯現出來的各有其偏頗。

剛強粗略的人，心思不夠縝密，不能處理細微的事務，所以這樣的人才在掌握全局的時候，可以高瞻遠矚；對於需要縝密思維的事情，就會思想言行不切實際，漏洞百出。振奮激昂的人，不懂得周旋變通，以退爲進，可以依法律制度，秉持公正的態度處理事情；對於需要靈活變通的情況，則沒有迴旋的餘地。堅毅不撓的人，喜歡了解事情的眞相，對於事物變化的原理，想要探究清楚明白；但涉及深奧的原理原則時，就顯得膚淺而片面。善於辯論的人，總是長篇大論，言辭犀利，在推敲人世間的各種情況時，總能有精闢的見解，追根究柢剖析局勢；但在維護正道面前，就變得詞不達意，思慮不周。與世浮沉的人，缺乏深思熟慮，根據人際關係的親疏遠近排列順序時，顯得度量寬宏，胸懷廣大；但在做出重大的決定時，就變得搖擺不定，缺乏主見。見解淺薄的人，不能深入的責問非難，聽到別人的辯論解說時，雖然無法理解，卻能夠容易認同對方的觀點，而感到高興；在思考細微的道理時，則說話顛倒反覆，缺乏理據。寬宏大量，容易寬恕的人，思慮不夠敏捷，在討論仁義的道德問題上，可以弘大周詳，見解不俗；在識時務方面，思慮遲鈍緩慢，無法根據局勢的變化，制定相應的對策。性情溫柔和順的人，在氣勢上稍顯不足，在領悟道理時，平順通暢不受阻礙；在面對難題時，則太過於軟弱，無法堅持己見。喜好標新立異的人，奔放不羈而特立獨行，運用陰謀權術，則能開創出獨樹一幟的新局面；在考察清靜無爲的常道時，則顯得違反常態，言論行爲不切實際。

以上所述，根據人的性情分爲九種偏向，他們各自依據性情的偏向作爲行事的標準。

事典

蘇秦以言辯謀求富貴而輕仁義

蘇秦是戰國時代有名的縱橫家、外交家和謀略家，他早期在齊國遊學，拜於鬼谷先生門下，和張儀是同學。

蘇秦學業有成返家，卻因盤纏都在遊學的時候花光了，所以窮途潦倒。家人都嘲笑他說：

「我們周人歷代經商，經營家產，以此作爲營生的手段。你今天放棄老本行卻跑去學人家賣弄口舌，淪落到窮困的境地，不也是你自找的嗎？」蘇秦聽了這番嘲諷的話，心裡覺得很難過，就關在房間裡不出來，他把所有的書都拿出來看了一遍，看到周書中的《陰符》，眼睛一亮，覺得可以運用這本書中記載的知識去遊說各國的國君。他對一位朋友說：「像我們這樣的讀書人，如果不能依憑著書中的知識而謀求榮華富貴，縱然書讀得再多又有什麼用呢？」朋友說：「難道在你心中，讀書就是作爲謀求富貴的手段嗎？學習做人的道理不是更爲重要嗎？」張儀說：「禮義廉恥能值幾何？一昧的墨守成規，遵循仁義的大道而活固然能獲得別人的尊敬，卻不能夠換來自身的溫飽，若是餓死了，就算空有仁義之名又有何用呢？」一年後，他掌握了書中的謀略，就去遊說各國的國君。

起初，秦國和趙國都不採納他的建議，後來他遊說燕王與趙國聯合對抗秦國，燕王採納他的建議，並且資助他車馬費，讓他前往趙國遊說趙王。後來在蘇秦的極力勸說下，趙肅侯採納他的見解，願意與韓、魏、齊、楚、燕五國聯合起來共同抗秦，這個就是歷史上有名的「合縱」。蘇秦做了六國聯盟的盟主，同時擔任六國的宰相。等到他衣錦還鄉之後，以前看不起他的家人都感到很慚愧，蘇秦不計前嫌將金銀布帛分送給親友。

有人四處散布謠言，說：「蘇秦能言善道，言辭犀利，根據六國的情況爲他們制定最適合的方針。他遊說趙王時，以謀求趙國的利益爲前提；遊說燕王時，又以燕國的利益爲前提，表面上他善於剖析局勢，實際上卻是一個反覆無常的小人。像他這樣的人不可能一心一意只效忠一個君主，誰能給他的利益最多，他就替誰出謀劃策，若是繼續任用他，總有一天會被他給出賣。」

蘇秦回到燕國後，燕王聽信了謠言，不敢讓他擔任官職。蘇秦就前往拜見燕王，說：「大王不敢授予臣官職，定是聽信了小人的讒言，認爲臣爲人不誠實，其實正因爲臣的不誠實，反而是大王的福氣。臣聽說忠信的人，爲了堅守自己心中的正義操守，而罔顧國家長遠的利益，這樣的人就算現在放在您面前，也無法爲您所用；像臣這樣謀求進取的人，才是眞正能爲大王打算的人才。況且臣遊說齊王時，並非採用欺騙的手段，臣家中尙有老母親等待奉養，但正因爲臣爲了自己的仕途，才沒有留在母親身邊盡孝，這固然非是孝子所爲，但臣若然眞正做一名孝子，又怎能盡心竭力的爲大王出謀劃策呢？如果這樣也算是臣的過錯，那麼大王您身邊勢必再無可用的人才。」燕王聽了他的一席話，覺得頗有道理，就說：「先生還是擔任原來的官職吧！」自此之後更加禮遇他。

人物

蘇秦，字季子，洛陽人，生年不詳，卒於西元前三一七年。師事鬼谷子，與張儀是同窗。早年窮困潦倒，後來遊說六國國君，以「合縱」策略得到六國的認可，並佩六國相印，爲合縱聯盟之主，使秦國不敢出兵函谷關達十五年之久。後來客居齊國，被殺身亡。

釋評

這段文字主要在論述，人的性情之差異會影響他們的才能表現。人的聰明才智會受到他們自身的性情所侷限，因爲每個人都只看見自己的優點而忽略其自身的缺點，所以無法截長補短，導致其性情有所偏差，進而使得人物的才能也有了限制。

劉邵將人的性情之偏頗歸納爲九種，分別爲：剛略、抗厲、堅勁、辯給、浮沉、淺解、寬恕、溫柔、好奇。每種性情的人才，都有其各自的優缺點，領導者在選用人才時，必須了解每種不同性情的人所展現出來的能力得失，才能將他們放在適當的職位上，以便發揮每種人才最大的功用。

名人佳句

辯說譬喻，齊給便利，而不順禮義，謂之姦說。

這句話是戰國時代荀子所說，摘錄自《荀子・非十二子》，意思是：「能言善道，擅長以譬喻來做為說服人的手段，言辭敏捷，但不遵循禮義而發的言論，稱為邪惡的言論。」能言善道的人，善於用精巧的言論來說服對方，進而達成自己的目的，這種辯士在先秦時期非常多，蘇秦、張儀都是這類的人才。但他們論辯的目的，往往不是為了宣揚禮義，而是為了自己的私心，透過自身的口才獲得晉身仕途的機會，這類的人才正是荀子所批評的，認為他們的言論十分邪惡。

原文

若乃性不精暢，則流有七似：有漫談陳說，似有流行者。有理少多端，似若博意者。有迴說合意，似若讚解者。有處後持長，從眾所安，似能聽斷者。有避難不應，似若有餘，而實不知者。有慕通口解，似悅而不懌者。有因勝情失，窮而稱妙，跌則掎蹠，實求兩解，似理不可屈者。凡此七似，眾人之所惑也。

譯文

如果人的性情有所偏差，而無法通暢無阻的表現出來，就會衍生出七種似是而非的情況：有的人高談闊論，好像有理有據，說得好像確有其事的樣子。有的人理據不足，卻裝作學問廣博的樣子。有的人曲意逢迎，心中一知半解，卻裝作贊同理解別人觀點的樣子。有的人等大家發表完意見後，綜合大家的觀點，選擇一個大家都能接受的見解做爲自己的觀點，裝作好像可以做出正確判斷的樣子。有的人迴避對方的詰難而不回應，似乎游刃有餘，其實不知甚解。有的人仰慕通達的才學，可以重複論述別人的觀點，其實對對方所提出的觀點一無所知。有的人爭強好勝，明明言盡詞窮，卻裝作一副妙言未盡的樣子，雖然理虧詞窮，卻強詞奪理，希望能夠統一兩種不同的觀點，讓別人看起來他的理據是不可推翻的。以上這七種似是而非的論辯情況，正是迷惑眾人，讓對方以爲他是個可用之才。

事典

迴避詰難的袁閬

袁閬是東漢的知識份子，他與荀慈明會面。袁閬問：「潁川郡有哪些賢德的人士？」荀慈明不假思索就列舉他的幾位兄長，說他們都具備賢德人士的標準。袁閬譏笑他說：「您所說的賢德之人，就是依照親疏次第來舉薦的嗎？」荀慈明問：「您如此詰難我，是依據哪部經典呢？」袁閬說：「剛才我問您有哪些賢德的人士，您就優先提及您的兄長，所以我才詰難您的。」荀慈明說：「剛才我反問您詰難我是依據哪部經典，您竟然沒有正面回答我的問題，反而指出我的不是，如此閃爍其詞，您是要遮掩您書讀得不多的缺點嗎？還是您根本搞不清楚自己的論點理據何在？」袁閬反問：「那你能舉證說明您舉賢唯親的論點依據嗎？」荀慈明說：「當然可以，舉薦賢才應當只問那個人是否符合被舉薦的標準，而非去考慮他與推薦者的親疏關係。古代的祁奚舉薦人才時，對內不避親疏；對外不避仇敵，只問這個人是否賢德，大家都認爲他非常公允。孔子編纂《春秋》遵循的原則是，將周天子統治的範圍視爲內，鄰近的華夏各族視爲外，正是將自己的國家當作親，而將華夏各族當作疏。親疏有別，不親愛自己的親人，反而去親愛外人，這豈不是違背道德倫常嗎？」袁閬被荀慈明給說服，沒有再繼續詰難他。

人物

袁閬，字奉高，東漢愼陽（今河南省正陽縣）人，生卒年不詳。漢末文人。郭林宗到汝南時，曾去拜訪袁閬，車子沒停下，馬具沒解下就離開了，有人問他這是爲什麼？郭林宗說：「袁閬的氣度極大，雖然清高卻容易退讓，不夠積極進取。」

釋評

這段話旨在闡述，領導者在選擇人才時會遇到阻礙的情況，造成這七種阻礙的原因，來自於無法準確的掌握對方心理，而被其似是而非的言論所欺騙，這就是劉邵所說的「七似」。

分別爲：第一種情況，有些人善於高談闊論，乍聽之下似乎有理有據，好像眞的有這麼一回事，但如果仔細去推敲驗證一番，將會發現他的論點根本站不住腳。第二種情況，有的人理據不足，卻故意夸夸其談，裝出一副學問淵博的樣子。第三種情況，有些人對於情勢無法做出準確的判斷，但了解對方的心理，故意說出他喜歡聽的話，來掩飾自己的一知半解。第四種情況，有的人沒有主見，故意讓大家先發言，然後再從他人的言論中，選出一種較能被大家所接受的觀點，做爲自己的意見，讓人感覺他能夠做出獨立的判斷思考，實際上他只是在掩飾自己缺乏主見的缺點而已。第五種情況，有的人不正面對他人提出的詰難予以回應，刻意閃躲，避重就輕，看起來游刃有餘，實際上對自己的論點一無所知。第六種情況，覺得對方的論點頗有可取之處，完全被他通達的才學給說服，表面上心悅誠服，心中似有領悟，實則無法理解對方的言論。第七種情況，有的人爭強好勝，即便自己理虧詞窮，仍要裝出一副字字珠璣的模樣，務求能統一正反兩種對立的觀點，讓別人覺得他的論據是能夠站得住腳而不可隨意推翻的。

名人佳句

試以詰難他人者以自詰難，庶幾自見得失。

這句話是宋代朱熹所說的，摘錄自《朱子語類》，意思是說：「嘗試用詰難別人的方式來詰難自己，可以看見自己的缺失。」大家都習慣去詰難別人的缺點，而容易忽略自己的過失。如果我們在指責對方缺點的同時，也用同樣的標準來指責自己，就會發現自己其實並不完美，別人會犯的錯誤，我們也同樣會犯。所以，要試著去包容對方，不要一昧的苛責別人。

原文

夫辯，有理勝，有辭勝。理勝者，正白黑以廣論，釋微妙而通之。辭勝者，破正理以求異，求異則正失矣。

夫九偏之材，有同、有反、有雜。同則相解，反則相非，雜則相恢。

故善接論者，度所長而論之，歷之不動則不說也。傍無聽達，則不難也。不善接論者，說之以雜反。說之以雜反，則不入矣。

善喻者，以一言明數事。不善喻者，百言不明一意，則不聽也。

是說之三失也。

譯文

言辭辯論，有人依憑理據取勝，有人則依憑言辭取勝。以理據取勝的人，能遵循正道，明辨是非曲直，以此廣泛地展開論述，解釋細微玄妙的道理而將其貫通。以言辭取勝的人，違反正道以求標新立異，使人耳目一新，正因爲追求標新立異而偏離正道。

九種偏頗資質才能的人，可分爲同、反、雜三大類。相同則能互相理解，相反則互相批評，夾雜則在論述時扯到與論點無關的話題。

所以善於辯論的人，根據每個人的性情優點來展開論述，若是無法說服對方則停止辯論。身邊沒有人能了解辯者的論述時，就不予以詰難。不善於辯論的人，以混淆論點與批評的方式來說服對方。採用這種辯論方式，會使得對方產生排斥感，而拒絕接受辯者的論點。

善於譬喻的人，可以在闡述一件事的同時，解釋很多種道理。不善於譬喻的人，長篇大論卻辭不達意。辭不達意，則對方拒絕聆聽。

以上這三者，是辯論的三種缺失。

事典

善於辯論的裴楷

裴楷是晉朝官員，他聰明、領悟力強、有膽識，二十歲時名聲就遠近皆知。鍾會將他推薦給晉文帝司馬昭，任命他爲相國掾，不久升任尚書郎。賈充修訂律法，裴楷那時擔任定科郎參與修訂，這件事結束以後，文帝召裴楷到御前誦讀，並且議論得失。裴楷擅長辯論，說得頭頭是道，一旁的文武百官聽了都眼睛一亮，忘記了疲勞。文帝讚賞他說：「裴愛卿能依照公平公正的原則議論律法的得失，沒有絲毫的偏袒，並且分析得鞭辟入裡，實在是難得的人才啊！」

晉武帝司馬炎剛登基不久，命人占卜國運氣數，所得卦象爲「一」，武帝非常不高興，認爲這個卦象不吉利。群臣見武帝不悅，也都面色慘然，沒有人敢說一句話。裴楷捉住武帝的心理，就整頓儀容，進言說：「臣聞天得一以清，地得一以寧，王侯得一以爲天下貞。」武帝就問：「這不是出自《老子》的話嗎？和這個卦象又有何關係？」裴楷說：「《老子》所言的『一』即是道。天地萬物之所以能夠生生不息，完全是因爲『道』能夠讓天地萬物自我實現；大地也是因爲能體現「道」所以能夠安定的提供萬物生長的場所；君王若能夠遵循『道』，以無爲而治的方式治理百姓，那麼天下就能安定。這個『一』難道不是吉兆嗎？」武帝聽了很高興，群臣都口稱萬歲。退朝之後，有大臣問裴楷說：「方才皇上頗爲不悅，裴大人是如何想到用這個方法緩解尷尬凝重的氣氛的？」裴楷說：「很簡單，陛下剛剛登基，想必是想聽到長治久安這樣的話，『一』這個數字大家都容易聯想到晉朝只能維持一代，我觀陛下的臉色也大概猜到是這樣，所以就引用《老子》中的話，引導陛下往好處想，這樣龍心自然大悅。」大臣感嘆道：「裴大人果然不愧是善於辯論的高手啊！能夠準確地抓住陛下的心理，再引經據典說服陛下，使人無法辯駁，如此眞是高招啊！」

人物

裴楷，字叔則，河東聞喜（今山西聞喜縣）人。生於西元二三七年，卒於西元二九一年。晉朝名士。祖父裴茂，漢代時擔任尚書令。父親裴徽，曹魏時擔任冀州刺史。裴楷在當時頗有名望，他長相俊朗，氣質卓越，學識淵博，精通《老子》、《易經》，當時人尊稱他爲「玉人」，與王戎、王濟、和嶠等人齊名。

釋評

劉邵此處指出論辯過程中可能出現的三種缺失：第一，以混淆論點的方式進行辯論，在闡述自己的論點時扯到無關的話題，模糊了辯論的焦點。第二，以批評聽眾的方式進行辯論，會使聽眾產生反感，即便辯論者的論述多麼精闢，聽眾也會拒絕接受。第三，不懂得善加利用譬喻的方式進行辯論，造成辭不達意，使聽眾一頭霧水。要糾正這三種缺失，在辯論時要考慮到聽眾的心情，以及了解聽眾的性情特點，這樣才能有效的說服對方。辯論不是強制推銷自己的論點，當聽眾始終無法被說服時，就應該停止辯論。聽眾聽不懂辯論者的觀點時，辯論者也不該過份的苛責，如此才不會令聽眾反感。

名人佳句

沒有無敵的論點，只有無敵的辯士。

這句話是現代辯士黃執中說的，意思是說：「在辯論的時候，任何論點都是有漏洞的，只有技巧高超的辯論高手才能立於不敗之地。」任何人所提出的論點都是有限制的，有限制的就能找出其漏洞並加以辯駁，所以沒有不可辯駁的論點。既然如此，為什麼還是有人可以在辯論的時候立於不敗之地呢？這就取決於辯論者的技巧，技巧越高超的人可以迅速找出對方的漏洞，並且提出有力的證據，令對方無法反駁。

原文

善難者，務釋事本；不善難者，舍本而理末。舍本而理末，則辭構矣。善攻彊者，下其盛銳，扶其本指以漸攻之。不善攻彊者，引其誤辭，以挫其銳意。挫其銳意，則氣構矣。善躡失者，指其所跌；不善躡失者，因屈而抵其性。因屈而抵其性，則怨構矣。或常所思求，久乃得之，倉卒諭人，人不速知，則以爲難諭。以爲難諭，則忿構矣。夫盛難之時，其誤難迫。故善難者，徵之使還。不善難者，凌而激之，雖欲顧藉，其勢無由。其勢無由，則妄構矣。凡人心有所思，則耳且不能聽。是故並思俱說，競相制止，欲人之聽己。人亦以其方思之故，不了己意，則以爲不解。人情莫不諱不解，諱不解，則怒構矣。凡此六構，變之所由興也。

譯文

善於詰難辯駁的人，務求探究事情原理的眞相。不善於詰難辯駁的人，捨棄探究事情的本源而去追究細微末節。捨本而逐末的人，容易引發紛爭。善於和強勢對手辯駁的人，避其鋒芒，抓住他主要的論點，逐步予以攻擊。不善於和強勢對手辯駁的人，僅能捕捉到對方言語中的錯誤，來打壓他的銳氣。越是打壓他的銳氣，就越容易引起對方的憤怒。善於追究過失的人，能夠一針見血的指出對方的失誤。不善於追究過失的人，趁他理虧辭窮時，死纏爛打予以抨擊。死纏爛打予以抨擊，會引來對方的怨恨。有的人經常思考某個問題，等他有一天想清楚之後，就興高采烈地去告訴別人，對方如果無法立刻心領神會，就會以爲他頭腦遲鈍，難以明白深奧的道理。以爲對方頭腦遲鈍，則會激怒對方，當在激烈的展開詰難辯駁時，難以逼迫對方承認錯誤。所以善於詰難辯駁的人，會使對手從激憤的情緒中趨於和緩，以便聽取意見。不善於詰難辯駁的人，會不斷的窮追猛打，就算對方想要承認自己的錯誤，也沒有門路。沒有門路承認錯誤的人，爲了維護自己的立場，會說出更加荒謬不實的話語。舉凡人在思考某個問題時，他的耳朵就無法聆聽對方的意見。所以，一邊思考一邊說服對方，正反雙方互相制止對方的辯駁，想要對方聆聽自己的意見，對方也因爲正在思考的緣故，不明白你的論點，你就以爲對方無法了解。在辯論中，最忌諱的就是被對方認爲自己聽不懂他的論點，這是人之常情。被對方誤以爲自己聽不懂，氣憤的情緒就被引發。以上所列舉的這六種情形，都是糾紛產生的原因。

事典

善於追究過失的鍾繇

鍾繇是三國時代曹魏政權的重臣，魏文帝曹丕即位後，他擔任太尉，是最高的軍事長官，位列三公之一。

鍾繇有兩個兒子，分別爲鍾毓和鍾會，年僅十三歲，在當時就享有美名。他們小的時候，趁著父親睡午覺，就偷藥酒來喝。鍾繇早就發現，故意假裝睡著，想看看他們究竟想做什麼。鍾毓先行禮之後才喝；鍾會直接喝下，沒有行禮。鍾繇起身，問鍾毓說：「你爲什麼飲酒前要先行禮呢？」鍾毓回答說：「酒是祭祀時用來完成禮儀的，所以我先行禮才敢喝。」鍾繇又問鍾會說：「那你爲何不行禮，直接喝酒呢？」鍾會回答說：「我們的酒是偷來的，偷竊的行爲本來不合乎禮節，又何必行禮然後才喝，這不是多此一舉嗎？」鍾繇聽完後哈哈大笑。

鍾會就問鍾繇說：「話說回來，父親早就知道我們偷酒喝，卻裝睡沒有當場揭發我們，偷竊是不合乎禮節的，可是父親卻沒有立即阻止，這難道是君子所爲嗎？」鍾繇說：「不錯，看來我的兒子確實是長大了，能夠一針見血的指出為父的失誤。為父沒有立刻阻止，是想看看你們要做些什麼？善於詰難的人，會想先弄清楚事情的始末眞相，如果為父直接阻止你們，並且因為偷酒這樣的行為就處罰你們，想必你們也都不會服氣的吧！雖然偷竊不合乎禮節，但你們尚且年幼，況且在自家中偷竊也無傷大雅，不過既然知道偷竊是不正確的行為，以後就不要再犯了，知道嗎？」鍾毓與鍾會點點頭，表示會記取這次的教訓。

人物

鍾繇，字元常，三國魏潁川長社（今河南長葛東）人。生於西元一五一年，卒於西元二三〇年。漢末被推舉為孝廉，封東武亭侯；曹操任魏王，鍾繇被任命為相國，後來魏諷謀反，鍾繇因舉薦他而被免官。曹丕竄漢為魏，鍾繇累遷太尉，改封「平陽鄉侯」。鍾繇與司徒華歆、司空王朗並列為三公，位高權重。魏明帝曹叡即位後，鍾繇升任為太傅，太和四年逝世，謚號「成侯」。

釋評

劉邵這裡指出，在辯論的過程中，出現的六種心理矛盾的現象，稱之為六構，分別為：辭構、氣構、怨構、忿構、妄構、怒構。辯論時之所以產生糾紛，是由於忽略對方的心理狀況，所產生的誤解，正是這種誤解造成辯論者雙方的情緒失控。辯論者的心態是：第一，希望別人聆聽自己的見解並且獲得認同。第二，討厭對方認爲自己聽不懂他所闡述的論點。第三，心耳無法並用。思考與聆聽這兩種能力無法同時進行，但在辯論時，雙方都急著想說服對方接受自己的論點，以至於忽略了這一點。在不了解辯論者心態的情況下，又急著想說服對方，就會引起對方的憤怒情緒。擅長詰難辯駁的人，應當避免引發對方憤怒的情緒，因爲對方一憤怒，就會失去理性的判斷，而只想攻擊對方，即便他的理由非常荒謬與漏洞百出，但就是不會承認自己的錯誤。所以，正確的做法是，試圖緩和對方激憤的情緒，讓對方能靜下心來聆聽你的論點，這樣雙方才能理性地去討論問題，達到辯論互相溝通的目的。

名人佳句

人誰無過，過而能改，善莫大焉。

這句話是春秋時代左丘明所說，摘自《左傳．宣公二年》，意思是：「只要是人就會犯錯，知錯能改，是世間上最大的善行。」人是有盲點的，往往無法看到自己的錯誤，有的時候需要由別人來指出。很少人能夠虛心接受他人的批評，所以在指出他人所犯的錯誤時，需要一針見血指出問題所在，而且只說一次就好；切不可捉住錯誤不放，不斷的予以抨擊，這樣會引來對方的反感，甚至引起憤怒。如果引起憤怒，對方更加不可能接受你的批評，雙方反而會陷入無止境的謾罵，這對改正錯誤這件事來說毫無意義，所以應當加以避免。

原文

然雖有變構，猶有所得；若說而不難，各陳所見，則莫知所由矣。由此論之，談而定理者眇矣。必也：聰能聽序，思能造端，明能見機，辭能辯意，捷能攝失，守能待攻，攻能奪守，奪能易予。兼此八者，然後乃能通於天下之理，通於天下之理，則能通人矣。不能兼有八美，適有一能，則所達者偏，而所有異目矣。

譯文

雖然辯論會引發爭端，但適當的辯論還是能夠有所收穫。如果只是各自陳述己見，參與討論者對彼此的論點都無法詳盡的了解。

從這點來看，光是陳述自己的見解就想要釐清事情的脈絡，這種情況是微乎其微的。想要在一場辯論中能有收穫，必須要能夠聆聽對方的意見；能夠創新的思考；看清楚事情變化的原因；言辭要能清楚表達自己的論點；反應靈敏可以及時補救漏洞；防守是爲了等待最佳的攻擊時機；攻擊對方言辭的缺失，讓對方無力反駁；要勇於進攻，使對方陷於被動的情勢。辯論者能兼具以上八種優點，才能夠了解通達天下深奧玄妙的道理，成爲學識淵博之人。通達天下深奧玄妙的道理，才能夠說服別人。無法兼具這八種優點，只具備其中的一種優勢，那麼就會導致最後只能成就某一方面，對此有各種不同的名目來稱呼這種辯論偏才之人。

事典

陳元方有效率溝通的方式

陳寔是東漢時代的官員，他爲官清廉，家境貧寒，以德行爲百官之表率。有一次，他因爲某事被潁川太守判了剃髮的刑罰。有位客人前來拜訪，陳寔的兒子陳元方接見，客人問他說：「您覺得潁川太守是個好官嗎？」陳元方回答：「是位高超明智的官員。」客人又問：「那令尊是個什麼樣的人呢？」陳元方答：「是位忠臣孝子。」客人說：「《易經》說：『兩個人若是同心協力，可以斬斷金屬那樣堅硬的物品；兩人若是心意相同，氣味就如芝蘭一樣芬芳。』哪有英明的長官會去處罰一個忠臣孝子呢？」陳元方說：「你看事情怎麼能夠只看表面呢？這種愚蠢的問題，我不想回答。」客人說：「我對您所提出的論點很疑惑，穎川太守若是英明的長官，那為何會去處罰一個忠臣孝子？令尊若是忠臣孝子，又為何會受到懲處呢？依在下愚見，這兩個人當中一個有一個品行敗壞的人，如果不是太守愚昧，就是令尊是奸佞。這件事在我看來實在是匪夷所思，您如果不說清楚的話，我要如何了解您的論點呢？」陳元方說：「您是客人，我不想因為這件小事與您爭吵，以免傷了你我之間的和氣。」客人說：「我聽說善於辯論的人，不會畏懼與人爭辯，因為辯論可以了解彼此雙方的論點，而且難道您不想說服我認同您的觀點嗎？」陳元方說：「以前商朝的高宗武丁，曾流放孝子孝己；尹吉甫是春秋時代尹國的國君，曾流放孝子伯奇；漢代的董仲舒是西漢有名的博士儒者，曾流放孝子符起。這三位皆是高超明智的君主與官員；這三位被流放的人也都是忠臣孝子，這都是不爭的事實。即便是忠臣孝子，也會受到小人的誹謗；即便是英明的君主，也會有受到佞臣蒙蔽的時候，但即便是這樣，也不會影響他們高尚的品德。」

客人聽完後覺得自己見識淺薄，慚愧的告辭了。他和朋友說：「陳元方是一位擅長辯論的人，我提出問題詰難他，他耐心的聽我說完，分析得頭頭是道，而且能看清事情的眞相。我質疑他的父親非是忠臣孝子，他起先雖然有些不高興，但仍然能看出我言語中的漏洞而予以反擊，最後使我無法辯駁，眞不愧是一位才思敏捷的人啊！」

人物

陳元方，名紀，字元方，潁川許昌（今河南許昌東）人，陳寔的兒子，享年七十一歲。他與其弟陳諶皆以德行著稱於世，兄友弟恭，事親至孝。

釋評

此處劉卲正面肯定了辯論的功用，雖然上文提到不適當的辯論，會加深人與人之間的矛盾；卻也不能因此否定了辯論具有溝通與了解眞相的正面功用，是人與人討論交流時無法避免的。如果不向對方的論點提出質疑，而只是就正反雙方各自陳述己見，無法進行有效溝通，也無法抽絲剝繭的了解對方所闡述的道理。所以劉卲提出了「八通」，即一個優秀的辯論家所應同時具備的八種能力：聆聽、思考、洞察、言辭清晰、反應敏捷、沉穩待機、進攻破防與勇於進攻等八種能力。如果只具備其中的一項，就會變成偏才，即偏重「八通」中某一面向的才能。

名人佳句

既使我與若辯矣，若勝我，我不若勝，若果是也？我果非也邪？我勝若，若不吾勝，我果是也？而果非也邪？

這句話出自《莊子．齊物論》，意思是：「即使我和你辯論，你贏了我，我輸給了你，你就是正確的，而我就是錯誤的嗎？我勝了你，你輸給了我，我就是正確的，而你就是錯誤的嗎？」辯論的目的是想要釐清真相，並且有效地進行溝通，以期雙方可以達成共識。但有些時候，為了辯論者雙方的尊嚴，以及各自所欲維護的論點，誰也不肯相讓，然而辯論總是有輸有贏，莊子這裡想要反思的是，辯贏的那方無法代表是正確的；而辯輸的那方也無法代表是錯誤的，這不過只是一場語言遊戲而已，若是我們的執定於誰對誰錯，反而會離真相遠來越遠。

原文

是故：聰能聽序，謂之名物之材。思能造端，謂之構架之材。明能見機，謂之達識之材。辭能辯意，謂之贍給之材。捷能攝失，謂之權捷之材。守能待攻，謂之持論之材。攻能奪守，謂之推徹之材。奪能易予，謂之貿說之材。

譯文

所以，聰明睿智可以探究事物的本源，稱之爲名物之才；能夠創新思考，了解事情的來龍去脈，稱之爲構架之才；能夠洞察事物的眞相，隨機應變，稱之爲達識之才；能夠清晰的表達自己的意見，並且針對別人論點的漏洞予以抨擊，稱之爲贍給之才；反應靈敏，能夠在第一時間彌補先前論點的疏失，稱之爲權捷之才；沉潛防守等待時機出擊，稱之爲持論之才；主動攻擊別人論點的缺陷，讓別人措手不及，稱之為推徹之才；用「以子之矛，攻子之盾」的方法，讓別人無法反駁，稱之為貿說之才。

事典

反應敏捷的鄧艾

鄧艾是三國時代曹魏名將，他雖然擅長率兵打仗，卻從小就有口吃的毛病，時常遭人譏笑。有一次他與司馬昭為了某件事情爭論不休，他情急之下，結結巴巴的說：「艾、艾……」司馬昭就譏笑他說：「你說艾、艾，到底是有幾個艾？」鄧艾也不惱怒，反而很鎮定的回答：「《論語》中說：『鳳兮鳳兮』，雖然出現了兩次鳳，但他所指當然是一個鳳，難道就因為出現了兩次，就有兩個鳳不成？」這番辯駁讓司馬昭啞口無言。

鄧艾離開後，他身邊的親信就稱讚他的機智說：「將軍睿智，懂得以其人之道，還治其人之身的道理，剛才若是氣憤翻臉，定然傷了你們之間的和氣。」鄧艾回答說：「從前有一個楚國人在賣矛和盾，他稱讚盾說：『我的盾非常堅固，沒有利器可以刺穿。』他又稱讚矛說：『我的矛非常鋒利，非有東西是不能刺穿的。』有人就問：『既然你把你賣的矛和盾說得這麼好，那麼用你的矛去刺你的盾，結果會如何呢？』賣矛和盾的人被問得啞口無言。我不過是效仿這則故事罷了。」親信說：「以前大家都以爲將軍口吃，不擅長辯論，今日一見才知道將軍您不但擅長領兵作戰，也擅長辯論。有些人在闡述論點的時候，沒有注意到自己所提出的主張或論點自相矛盾，只要捉住對方論點的缺失，反詰回去，必然就能令他無法反駁。將軍您這個辯論技巧，確實是高明啊！」

人物

鄧艾，字士載，義陽棘陽（今河南新野）人。生於西元一九五年，卒於西元二六四年，本名鄧範，字士則。蜀漢姜維多次攻打曹魏，都被鄧艾擊退。西元二六三年秋天，曹魏發動攻打蜀漢的戰爭，鄧艾偷渡陰平發動奇襲，逼迫蜀帝劉禪投降，建立滅蜀奇功，獲封太尉。素來與鄧艾不合的鍾會聯合監軍衛瓘誣陷鄧艾意圖謀反，逮捕鄧艾送往長安。鍾會謀反失敗被誅後，衛瓘爲了自保，派人殺死鄧艾。

釋評

辯論者只具備上述「八通」的其中一種能力，這樣的人才稱之爲偏才，根據他的專長不同，所給予的稱呼也隨之各異。分別爲：「名物之才」，可以分辨事物的特徵與名稱。每個事物都有它特殊的外貌與表徵，這類人才可以分辨不同事物與之對應的名稱，例如：長著一對翅膀，可以在天空中翱翔，並且能發出悅耳叫聲的動物，我們稱之爲鳥類；而有四條腿，只能在地上行走奔跑的動物，我們稱之為走獸。擁有「名物」的人才，能夠分辨這些不同稱呼所對應的具體事物，意即：他們擁有分析思辨的頭腦，可以對於不同的事物進行清楚的分辨與定義，即便事物與事物之間非常類似，還是可以辨別清楚而不會混淆。「構架之才」，這類人才擅長以分析與歸納的方式來思考問題，而進行原則性的把握。「達識之才」，能夠洞察眞相，並且提出有建樹的見解。「贍給之才」，言辭犀利，且能將自己的意見表達清楚的人才。「權捷之才」，反應靈敏，能夠補救言論上的錯誤之人才。「持論之才」，堅持自己認為正確的論點，無論他人如何詰難，都能立於不敗之地；「推徹之才」，積極地對別人的言論展開詰難，以求探究事情的眞相；「貿說之才」，擅長以他人的論點或主張，作為攻擊他人言論的利器，使他所依據的理由無法成立，讓他的論點不攻自破。

名人佳句

以子之矛，陷子之盾。

這句話是戰國時代韓非所說的，摘錄自《韓非子．難一篇》，意思是說：「用你的矛，攻你的盾。」這是指辯論時，人時常忽略自己所提出的論點有盲點，還以為自己的論點完美無瑕；對手只要捉住論點中互相矛盾之處，以對方所提出的論點來攻擊對方，就能使對手無法反駁。

原文

通材之人，既兼此八材，行之以道。與通人言，則同解而心喻。與眾人言，則察色而順性。雖明包眾理，不以尚人。聰叡資給，不以先人。善言出己，理足則止。鄙誤在人，過而不迫。寫人之所懷，扶人之所能。不以事類犯人之所婟，不以言例及己之所長，說直說變，無所畏惡。采蟲聲之善音，贊愚人之偶得。奪與有宜，去就不留。方其盛氣，折謝不吝；方其勝難，勝而不矜。心平志諭，無適無莫，期於得道而已矣。是可與論經世而理物也。

譯文

學識廣博的人，除了上述這八種辯論才能，還能秉持中庸之道推而行之。他們和學識淵博的人說話，可以達到共識而心領神會。和一般民眾說話，懂得察言觀色並順著對方的性情。他們雖然學識淵博，卻不認爲自己高人一等。雖然他們聰明睿智，言辭流暢，卻不搶先表現自我。他們說出正確的言論，道理說明白就不再贅述。別人犯了過錯，能夠予以指出，卻不強迫他們承認錯誤。替別人說出心中隱晦的心聲，扶持別人的長處。不用類似的事件去觸碰他人的忌諱與隱私，也不炫耀自己的優點，發表正確的言論，抨擊邪端異說，無所畏懼。即使是十惡不赦之人，只要有一個優點都能予以接納；就算愚蠢的人也可能靈光一現，想出一個絕妙的點子。據理力爭，符合法度；離開或留下，果斷決絕。當對方氣焰正盛時，懂得避其鋒芒，不惜以謙卑的態度向對方示弱；當對方難以獲勝時，自己也不因爲勝卷在握而驕傲自滿。心平氣和，志向明確，無過猶不及，只求合乎中庸之道。這樣的通才之人，可以和他談論治理天下的學問。

事典

辯才出衆的蔡洪

蔡洪是三國時代的人，他聽說朝廷正在廣徵人才，便前往洛陽應選，洛陽人問他：「政府剛剛成立，正是用人之際，朝廷徵召可用人才出來作官，在平民百姓中尋找才華出眾的人，在深山野嶺中尋訪高人隱士，你只不過是個亡國遺民，有什麼資格出來參與選拔？」蔡洪回答說：「珍貴的夜明珠，不一定都出產於孟津河畔；美好的璧玉，不一定得在崑崙山開採。上古賢君大禹和文王，都出生在蠻夷之地，聖賢的出生之地，何必一定要限制在某地呢？難道出身卑賤的人，就沒有賢能的人嗎？閣下因為我的出身卑賤而瞧不起我，怎麼知道我不是明珠美玉呢？我聽說周武王討伐紂王時，將殷商的移民遷徙到洛陽來，莫非閣下就是殷商的遺民嗎？」洛陽人無言以對，雖然對他的言論沒有表示贊同，卻也沒阻止他參與徵選。

這件事傳到負責選拔人才官吏的耳裡，就讚嘆說：「蔡洪眞是一個擅長辯論的人才啊！他能夠闡述正確的言論，而且沒有囉囉嗦嗦的長篇大論；那個洛陽人自己理虧，卻沒有當著他的面承認錯誤，而蔡洪也沒有逼迫他向自己道歉認錯。他並沒有炫耀自己的才幹，只是舉出歷史上人物的例子，告訴這位洛陽人『不要因為人的出身高低，就先入為主的對他產生偏見』，明白的指出洛陽人看法的謬誤所在；蔡洪認為是對的事情，就會據理力爭，以這件事來說，他認為出身卑賤並不足以構成別人看清他的理由，所以才會與洛陽人展開一番辯論。這樣的人才正是朝廷所需要的，我要前往聘請蔡洪出來作官。」

人物

蔡洪，字叔開，晉朝吳郡（今江蘇吳縣）人。具有辯論的才能。生於三國時代，他原本在孫吳作官，吳國滅亡後出仕晉，官至松滋令。著有《清化經》、《圍棋賦》。

釋評

通才的人，除了兼具上文所述的「八通」能力，還要能在辯論時遵循十項心理原則，如：辯論時要懂得察言觀色與順應對方的性格，才能達到成功說服對方的效果；不揭發他人的隱私與觸犯他人的忌諱，作爲取得辯論勝利的手段；當別人鋒芒畢露時，要懂得避其鋒芒，這時應當放下自己的自尊與驕傲，表現自己謙卑恭順的態度，此時與對方硬碰硬對自己沒有好處。掌握了這些辯論技巧，可以讓自己在辯論的時候，不至於處於下風，被對方牽著鼻子走，更加有助於辯論者看清局勢與掌握對手的心理狀況，可以作爲辯論者的參考借鑑。

名人佳句

君子欲訥於言，而敏於行。

這句話是孔子所說，出自《論語・里仁》，意思是：「君子說話小心謹慎，行動快速敏捷。」孔子認為能言善辯的人，未必就是符合君子的行事原則，因為能言善道的人，往往都是為了自己的利益，巧言舌辯說服對方以達成自己的目的。所以說，君子應當謹言慎行，甚至木訥寡言，而直接用快速的行動力來證明自己，遠比以能言善道的人更具有說服力。

八觀卷

八觀者：一曰觀其奪救，以明間雜。二曰觀其感變，以審常度。三曰觀其志質，以知其名。四曰觀其所由，以辨依似。五曰觀其愛敬，以知通塞。六曰觀其情機，以辨恕惑。七曰觀其所短，以知所長。八曰觀其聰明，以知所達。

原文

八觀者：一曰觀其奪救，以明間雜。二曰觀其感變，以審常度。三曰觀其志質，以知其名。四曰觀其所由，以辨依似。五曰觀其愛敬，以知通塞。六曰觀其情機，以辨恕惑。七曰觀其所短，以知所長。八曰觀其聰明，以知所達。

譯文

所謂「八觀」指的是：第一，觀察一個人的「惡情奪正」與「善情救惡」，就可知道他的善惡夾雜的性情。第二，觀察一個人的情緒變化，以便清楚了解他日常生活中所抱持的心態。第三，觀察一個人最具代表性的氣質，以便清楚了解他是否表裡如一。第四，觀察一個人行爲背後的意圖，以分辨清楚他的行爲舉止是否似是而非。第五，觀察一個人仁愛與尊敬的態度，以便了解他的人際關係是融洽還是疏離。第六，觀察一個人情緒變化的徵兆，以分辨清楚他待人處事的態度是寬容還是不通情理。第七，觀察一個人的缺點，以便了解他的優點。第八，觀察一個人的聰明才智，以便了解他能否洞察事物的眞相。

事典

言行如一的劉子薦

南宋劉子薦出任湘鄉縣尉，替冤獄的人平反，這件事被朝廷知道，發布告給天下的法官都知曉。後任命他爲融州（今廣西壯族自治區融水苗族自治縣）的知縣，他前往向宋度宗趙禥辭行，度宗對他說：「廣西疏於治理，需要愛卿多加費心。」劉子薦回答說：「臣當推行皇上的仁政，教導當地的百姓，以安定民心。」他上任後，清廉愛民，在任期間沒有做出滋擾民眾的舉動，讓百姓都得以安居樂業。這件事傳到度宗耳裡，他十分欣慰，就對親近的大臣說：「朕聽聞觀察一個人的志向和氣質，就能知道他言行是否相符。劉愛卿前往廣西赴任前，對朕說會推行仁政，如今看來廣西治理果然頗有成效，劉愛卿果然表裡如一，是個難得的人才。」大臣說：「皇上果然知人善任。」

恭帝即位後，元軍攻打到靜江，劉子薦率兵守衛城的東門，情勢十分不利。當時十分危急，劉子薦見大勢已去，就取出記事用的板子，在上面寫道：「我可以犧牲性命，卻不能向元軍俯首稱臣。」他登上城門，向北方拜了拜，拿出衣服就地掩埋，他對身邊的人說：「現在情勢已經不可挽回，我也沒法再做些什麼，如今能做的就只有死守這座城。」有親信勸他逃跑，劉子薦說：「爲人臣子，當爲國盡忠，逃跑不是大丈夫所爲。」親信說：「大人的志向令人敬佩，在生死危難關頭，您仍不改氣節，與往常的行事如出一轍，眞令屬下佩服。」最後，劉子薦果然隨城戰死。

人物

劉子薦，字貢伯，吉州安福人，南宋末期官員。生卒年不詳。劉夢驥是他的父親，進士出身，任澧州（今湖南省澧縣）知縣，爲國捐軀而亡。劉子薦出任湘鄉尉，抓獲盜賊有功調任撫州司錄。後元兵入侵，亦爲國捐軀。

釋評

想要品鑑人物的品性與才能，必須要觀察他的言行舉止，來考察他的性情本質。劉邵提出八種觀人的方法，此處只是提綱挈領的稍微點出，下文會根據「八觀」作詳細的論述。第一，「觀其奪救，以明間雜」：人雖有善惡之分，但善與惡是同時存在一個人的性情中的，沒有絕對的善，也沒有絕對的惡。所謂的好人，是指他的性情傾向於善；所謂的壞人，是指他的性情傾向於惡。這種善惡交織的心理狀況，只能透過觀察一個人想得到的與所施予的，來分辨清楚。第二，「觀其感變，以審常度」：要了解一個人的心理變化，就要從他的日常生活中的舉動來觀察。第三，「觀其志質，以知其名」：「志」此處應解作「至」，「志質」即「至質」，指一個人最具代表性的氣質。這句應當解爲，觀察一個人最具代表性的氣質，藉以觀察他內在的氣質與外在的名聲是否相符合。第四，「觀其所由，以辨依似」：同樣的言行舉止，會根據對方這麼做的動機而有不同的解讀，若不釐清，則會陷入似是而非的困惑中。第五，「觀其愛敬，以知通塞」：想要觀察人際關係的好壞，就要從他對待別人仁愛與尊敬的態度來考察。第六，「觀其情機，以辨恕惑」：觀察一個人喜怒哀樂等情緒，就能辨別是君子還是小人。第七，「觀其所短，以知所長」：每個人都有優缺點，觀察他的缺點，就能了解到他的優點；相反的，觀察他的優點，也能了解他的缺點。第八，「觀其聰明，以知所達」：觀察一個人的聰明才智，可以了解他在事業上有什麼樣的成就。

名人佳句

良將不怯死以苟免，烈士不毀節以求生。

這句話是西晉陳壽所說，摘錄自《三國志》，意思是：「忠君愛國的良將不會懼怕戰死沙場而苟且偷生，有氣節志氣的人不會捨棄節操以求活命。」忠於國家的將士以戰死沙場為榮譽，向敵人投降視為恥辱；忠於國家的人不會為了貪生怕死而變節事敵。然而有些人表面上說自己如何忠君愛國，絕不向敵人投降；但是到了生死關頭卻又投降以求榮華富貴，這樣心口不一的人，絕非是領導者應當重用的人才。

原文

何謂觀其奪救，以明間雜？

夫質有至、有違，若至勝違，則惡情奪正，若然而不然。故仁出於慈，有慈而不仁者。仁必有恤，有仁而不恤者。厲必有剛，有厲而不剛者。

若夫見可憐則流涕，將分與則吝嗇，是慈而不仁者。睹危急則惻隱，將赴救則畏患，是仁而不恤者。處虛義則色厲，顧利慾則內荏，是厲而不剛者。

然而慈而不仁者，則吝奪之也。仁而不恤者，則懼奪之也。厲而不剛者，則慾奪之也。

譯文

什麼叫做觀察一個人救助別人的樣子，以辨明他善惡互相摻雜的性情？

人的本質之中有善良的部分，也有邪惡的部分，如果善良無法戰勝邪惡，那麼善良的性情將會被邪惡所取代，表面上所顯現出來的狀態並非是眞實的樣貌。所以，仁心出於慈愛，也有徒有慈愛而缺乏仁心的。有仁心的人一定能體恤憐憫他人，也有徒有仁心而缺乏體恤憐憫的人。嚴厲的人必定剛強，也有徒有嚴厲而缺乏剛強的人。

如看見可憐的人就會悲傷得流淚，要他捐錢幫助這個人卻又吝嗇，這就是慈愛缺乏仁心的表現。看到有人遭遇危險就會生出惻隱之心，想要前往相救卻又害怕自身遭遇危險，這是徒有仁心而缺乏體恤憐憫的表現。將正義掛在嘴邊一副大義凜然的樣子，但涉及自身的利益就無法堅定自己的立場，這是徒有嚴厲而缺乏剛強正直的表現。

所以，只有慈愛卻缺乏仁心的人，他的仁心是被吝嗇所取代。只有仁心卻缺乏憐憫的人，他的憐憫是被恐懼給取代。大義凜然卻無法堅定立場的人，他的剛強正直是被欲望所取代。

事典

拒領賞金的子貢

子貢是春秋時代孔子的學生，有一次，子貢從諸侯國的手裡贖回魯國的奴隸，按照魯國的律法，凡是魯國人在其他國家當奴隸、賤民等，有能力以金錢將他贖回的人，可以到官府領取賞金。子貢覺得這是義舉，所以拒絕向官府領賞。孔子知道這件事之後，就問他說：「你爲什麼想要贖回這名奴隸呢？」子貢回答：「同樣都是魯國人，看他在外國做奴隸，覺得他很可憐，於心不忍所以出錢將他贖回。」孔子責備他說：「你有慈愛之心確實難能可貴，你不吝惜錢財願意將他贖回，讓他能回歸母國，這是仁心。可是你是否想過，並非人人都如你這般能夠有慈愛之心，又不吝嗇金錢將他贖回；官府的封賞，是獎勵那些想要贖回這些流浪在國外奴隸的人，又不捨得一擲千金的人。你拒絕領取賞金的行爲，若是開了先例，官府以後都仿照你的做法辦理，不再發放賞金鼓勵國人贖回奴隸，那麼以後就沒有人願意自掏腰包去贖回那些奴隸了，這樣豈不是杜絕別人行善的機會嗎？你領取賞金也不會有損你的德行，不去領取反而會使大家不願意去做善事，豈不是適得其反嗎？」子路在旁邊聽到了，就把這件事放在心上。

後來，子路在拯救了一名溺水的人，那個人爲了感謝子路送了他一頭牛做爲謝禮，子路欣然接受了。孔子就問他說：「你難道是爲了得到這頭牛，才救那個溺水的人嗎？」子路回答說：

「當然不是，我是因爲不忍心見他溺死，才去救他的。」孔子問：「那你爲什麼接受他的謝禮呢？」子路說：「我這是爲了樹立良好的榜樣，人都是貪生怕死，雖然他們看到溺水的人會想要去救，可是卻害怕自己也溺水，所以大多數人不都敢付諸行動。但如果我接受了這個人的謝禮，以後被救的人也都會效仿他，那麼無形中對那些想救卻又不敢救的人起了鼓勵的作用，這樣以後大家都會勇於去拯救溺水的人了。」孔子對子路的回答十分滿意，點頭表示嘉許。

人物

子貢，孔子弟子。生於西元前五二〇年，卒年不詳。姓端木，名賜，字子貢，春秋衛國人。他善於買賣貨物賺取利潤，因此致富，且擅長辯論，在孔門十哲中以言語聞名。

釋評

人性之中本有善惡之分，善與惡是同時內在於人的本性之中，沒有絕對的惡，也沒有絕對的善，善惡摻半才是人性眞實的樣貌。「善情救惡」即是善的表現；「惡情奪正」即是惡的表現。人最後表現出來的樣貌是善還是惡，取決於內在於人的善性是否會被惡所取代，如果被取代則是「奪」；反之，沒有被取代，則是「救」。例如：人都有惻隱之心，看見別人遇到危險都會有想要救他的心念產生，可是人也都是貪生怕死的，如果這個人的貪生怕死之情超越了想要救人之心，那麼他就不會去救；反之，如果他能夠戰勝自己內心貪生怕死的心念，那麼他就會奮不顧身的前往相救。又比如，人看到可憐的人都會生起想要幫忙的念頭，可是如果心疼自己的荷包，捨不得捐出錢財幫助他人，那麼就不會出手幫助；反之，如果願意幫助他人而不吝惜錢財，那麼就會對別人伸出援手。

所以，劉邵認爲要了解一個人的本質性情，是偏向於善還是偏向於惡，只要觀察他的行爲是善的還是惡的，就能對他的性情有所了解。

名人佳句

見義勇發，不計禍福。

這句話是北宋蘇軾所說的，摘錄自《蘇東坡全集》，意思是說：「看見別人遇到危險，就勇敢的去拯救他，不考慮自身的安危。」每個人都有正義之心，看到別人遇難，都會生起鋤強扶弱之心，但大多數人沒有付諸行動，是因為擔心會危及自身的性命安危；所以蘇軾這句話告訴我們，只要正確的事情就要勇敢的去做，不要優先考慮自身安危。如果每個人都只在乎自己的安危，那麼這個社會將會省了許多溫情，人與人之間的關係也會越來越遠，因為人人都不願雪中送炭，只會促成更多的悲劇發生。

原文

故曰：慈不能勝吝，無必其能仁也。仁不能勝懼，無必其能恤也。厲不能勝慾，無必其能剛也。是故不仁之質勝，則伎力為害器。貪悖之性勝，則彊猛為禍梯。

亦有善情救惡，不至為害；愛惠分篤，雖傲狎不離；助善著明，雖疾惡，無害也；救濟過厚，雖取人，不貪也。是故觀其奪救，而明間雜之情，可得知也。

譯文

所以說，慈愛若不能戰勝吝嗇，仁心就無法顯現出來。仁心若不能戰勝恐懼，憐憫體恤就無法顯現。嚴厲不能戰勝私欲，正直就無法顯現出來。因此，性情若偏於不仁，那麼技能與勇力就會成為他作亂的工具。性情偏重於貪婪叛逆，剛強與勇猛就會成爲禍害的媒介。

也有一些情況，如善人救助了惡人，使其不再爲害；比如交情深厚，雖然對方傲慢侮辱仍不離不棄；助人爲善、表揚賢良，雖然討厭惡人也不會傷害他們；救濟他人十分慷慨，雖然會拿別人的財物，也不算貪心。所以，觀察一個人本性中善惡偏重的情況，以辨明他善惡互相摻雜的性情，就可以了解他的爲人。

事典

嫉惡如仇的朱元璋

明太祖朱元璋愛民如子，卻嫉惡如仇。他在位時，有一次，廣平府的官員王允道請求開放磁州鐵礦冶煉，朱元璋說：「朕只聽說明君不要放過任何一個賢才，卻沒聽說過不放過任何一樣利益。現今國家並不缺乏兵器，而百姓也安居樂業，開採鐵礦不僅無益於國家建設，反而需要廣徵男丁前去開採，這是滋擾民眾的舉動。」說完便判處他杖刑，流放嶺南。有大臣問：「王大人的建議若有不妥之處，陛下只需駁回即可，爲何要對他施加刑罰呢？」朱元璋說：「王允道建議開採鐵礦，並非是爲了國家百姓，而是想從中牟利、中飽私囊，他爲了一己私欲，不顧百姓的死活，難道不應該處罰嗎？」大臣說：「陛下體恤百姓，此乃陛下的仁德；而陛下無法容忍大臣犯錯，嫉惡如仇，雖然寬容不足，卻也無傷大雅。」

朱元璋雖然有時對大臣的懲處過於嚴厲，然而他在位時施行了許多仁政，竭盡所能的幫助百姓，讓他們能夠過上好日子。有一年，河南饑荒，朱元璋下令賑災，他聽說河南飢民因爲沒飯吃，只好賣掉自己的子女，他便下詔將這些子女贖回。並且下詔命令各級地方官員，慰問年紀老邁的長者，發給貧窮且年老的人一些日常生活補給品。他所施行的仁政諸如此類，不勝枚舉。

人物

朱元璋，明濠州（今安徽省鳳陽縣東）人。生於西元一三二八年，卒於西元一三九八年。年幼時曾出家當和尚，後來投靠郭子興的紅巾軍，加入反抗元朝的行列。郭子興死後，他受到諸位將領的擁戴，自立爲吳王。消滅元朝後建立明朝，即帝位爲太祖，年號洪武，建都應天，在位三十一年崩，卒謚高皇帝。

釋評

每個人都有善性，善性的具體表現爲：慈愛、仁心、正直等方面，然而善行無法表現出來的原因在於人的善性被私欲所蒙蔽，所以表現出來的樣貌就是不仁、不正直。例如：收受賄賂是不善的行為，但若是無法堅定自己的內心，心中生起了貪財的念頭，接受了賄賂，那麼善性就無法顯現出來。被私欲蒙蔽也有輕重不同的情形：被私欲完全蒙蔽的人，善性無法顯現出來，就會作奸犯科，成為禍患的根源；情況稍微輕一點的，雖然心中生起私欲，卻能第一時間撥亂反正，以善舉代替為惡，那麼也不會構成危害。

名人佳句

賢士吾禮用之，舊政不便者除之，吏毋貪暴殃吾民。

這句話是明太祖朱元璋所說的，摘錄自清張廷玉等著《明史》，意思是說：「賢能的人才我當禮遇任用，舊有的政令不便於民的廢除，官吏不要貪污殘暴禍害百姓。」朱元璋創建明朝，百廢待興，他廣納賢才，禮賢下士，革除暴政。他最痛恨的就是暴虐百姓的貪官汙吏，懲治手段有些嚴厲，但總體來說還是位勤政愛民的好皇帝。

原文

何謂觀其感變，以審常度？夫人厚貌深情，將欲求之，必觀其辭旨，察其應贊。夫觀其辭旨，猶聽音之善醜。察其應贊，猶視智之能否也。故觀辭察應，足以互相別識。然則論顯揚正，白也。不善言應，玄也。經緯玄白，通也。移易無正，雜也。先識未然，聖也。追思玄事，叡也。見事過人，明也。以明爲晦，智也。微忽必識，妙也；美妙不昧，疏也。測之益深，實也。假合炫耀，虛也。自見其美，不足也。不伐其能，有餘也。

譯文

什麼是觀察一個人的情緒變化，以便了解他平時的行爲態度？一個人外表忠厚誠懇，內在卻心思難測，想要了解他的品格性情，就先要觀察他言論的意圖與應對進退。觀察他言論的意圖，就好像分辨聲音的悅耳與否；觀察他的應對進退，就如同觀察他的智慧高低。所以，觀察一個人言論意圖與應對進退，足夠讓我們了解一個人的才能性情。論點清楚闡揚正道的人，可以將事情分析得清楚明白。不擅長說話，窮於應對的人，心思深奧難測。將事情分析得井然有序，頭頭是道的人，則能看透事物的本質。三心二意，沒有固定目標，是心思雜亂的人。能夠在事情尚未發生之時就先洞燭機先，是聖明的人。善於追蹤思考細微隱密的道理，是睿智的人。對事物的理解超乎常人，是聰明的人。內心清楚通透，表面卻不動聲色，這是智者的表現。能看清細微隱蔽的道理，是玄妙的人。心思縝密，能看透隱微道理，卻不隱藏於心，這是疏朗的人。越是覺得他深不可測，是有眞實才能的人。以虛浮誇大的東西炫耀於外，是才學空乏的人。力求表現自己的優點長處，是膚淺的人。不炫耀自身才能的人，他的眞才實學遠超過他所表現在外的樣貌。

事典

洞燭機先的杜衍

杜衍是北宋官員，當時遼國與西夏在黃河外交戰，參知政事范仲淹宣撫河東，欲率兵前往討伐，杜衍反對說：「兩國交戰，必定無暇侵犯北宋領土，我軍不可輕易出動，若是遼國趁我國大軍出動，內部空虛時，趁機來犯，豈不是給他人可趁之機。」范仲淹在皇上面前極力爭辯，說：「此時是出兵良機，若是錯失，必將悔恨。杜大人聲稱遼國與西夏不會趁機來攻，此乃他個人的猜測，未必屬實，若是猜錯，後果哪裡是他能夠承擔得起。」范仲淹曾以父親的禮節侍奉杜衍，卻因爲此事在皇帝面前對他出言不敬，有人對杜衍說：「范仲淹力主出兵，而大人您極力反對，范大人就在皇上面前詆毀您，他對您如此不敬，您難道不生氣嗎？」杜衍說：「范仲淹主張出兵，是因爲他沒有洞燭機先的遠見，無法在事情尚未發生之時，就看清楚未來的局勢發展，從這點看來他並非是聖明的人，這是他才能的不足，我又有什麼好值得生氣的呢？」後來果然遼國與西夏都沒有出兵進犯中國。

人物

杜衍，字世昌，北宋越州山陰（今浙江省紹興）人。生於西元九七八年，卒於西元一〇五七年。慶曆四年拜同平章事、集賢殿大學士，兼樞密使，當了一百天的宰相而被罷免。蘇軾曾稱讚他草書寫得好。嘉祐二年逝世，謚號「正獻」。

釋評

人的內心猶如海底針，很難看得清楚透徹，我們只能透過他的言行舉止，來觀察他的情緒變化，進而了解他的才能性情。從他說話的意圖，可以知道他是心思純正，還是深奧難測。觀察他的應對進退，可以了解他是聰明、睿智，還是學問空乏、膚淺的人。因此，我們可以得知，想要了解一個人的才能性情，可以通過言論談話與應對進退來觀察。

名人佳句

倖福而先知其為禍之本，貪生而先知其為死之因，其卓見乎！

這句話是明代的洪應明所說的，摘錄自《菜根譚》。意思是說：「不執著於眼前的幸福，而能了解到禍患才是人生的根本；不貪戀生命，而能了解到活著是死亡的原因，能夠如此思考才是真知灼見的人。」福與禍本就是一體兩面，很多人生活得很幸福就忽略隱藏在背後的危機，進而放鬆警惕，或者得意忘形，如此容易招致禍患，如果能一開始就明白幸福不過是虛幻的，禍患與苦難才是人生的本質，那麼時時刻刻小心謹慎，反而可以轉禍為福。同樣的，每個人都貪生怕死，卻忽略了有生必有死，生才是導致死亡的原因，一昧的貪戀生命卻懼怕死亡，這是不明白生命的真相。真正具有真知灼見的人，能夠了解福禍相倚、死亡是每個活著的人必然的結局，如此就不會患得患失，反而可以趨吉避凶。

原文

故曰：凡事不度，必有其故。憂患之色，乏而且荒。疾疢之色，亂而垢雜。喜色愉然以懌；慍色，厲然以揚；妒惑之色，冒昧無常。及其動作，蓋並言辭。是故其言甚懌，而精色不從者，中有違也。其言有違，而精色可信者，辭不敏也。言未發而怒色先見者，意憤溢也。言將發而怒氣送之者，彊所不然也。凡此之類，徵見於外，不可奄違。雖欲違之，精色不從。感愕以明，雖變可知。是故觀其感變，而常度之情可知。

譯文

事情違背常理原則，一定有它的原因。心中擔憂禍患將至，神色就會顯得疲憊、心神不寧，表現出很慌亂的樣子。身體罹患疾病，臉色黃黑摻半，顯得汙垢雜亂。心中歡喜，臉上就會表現出愉悅的神色；心中不悅，臉上會顯現凌厲的神情；忌妒疑惑，就會表現得魯莽衝動，且喜怒無常。了解一個人不只從他的行爲舉止，還一併從他的言論談話來考察。所以，他在談話中表現得很愉悅的樣子，但臉色卻沒有跟著顯現出愉悅，那就表示他心口不一。他雖然心口不一，但他顯現出來的神色誠懇有自信，那只是他的表達能力不夠敏捷流暢。還沒說話就表現出憤怒的神色，心中的憤怒之情溢於言表。一個人將要開口說話，怒氣已伴隨其中，這是要勉強自己去做本不該做的事。凡是上述這些情況，人的情緒與心理狀態，會有徵兆表現在臉上，無法矯情掩飾。即便想要矯情掩飾，眼神表情都會流露出端倪。只要我們能觀察一個人外在的神情氣色，無論他的情緒如何變化，我們都有跡可循，以掌握他的心理反應。因此，觀察一個人的情緒變化，就能了解他一貫的行爲態度。

事典

吳三桂衝冠一怒爲紅顏

明朝末年，李自成發動民變，從西安往東進攻，太原、寧武、大同等地都淪陷，又分兵攻破眞定。情勢十分危急，崇禎將原本鎮守在關外的吳三桂調回，命他回北京防守，三月十六日抵達山海關，三月二十日抵達河北豐潤。此時，李自成的軍隊已攻入北京，崇禎在煤山自縊，吳三桂率兵退守山海關。李自成派人招降吳三桂，命明朝降將唐通拿四萬兩白銀犒賞吳三桂軍隊，另外又派遣將領率兵兩萬代替吳三桂鎮守山海關，防止清兵入侵。吳三桂曾有想要投降的念頭，他對親信說：「如今崇禎皇帝已亡，外有清兵虎視眈眈，內有李自成佔據京師，如今我是進退兩難，不知該如何是好。」吳三桂有一美妾名喚陳圓圓，吳三桂十分寵愛她，京師被李自成佔據後，吳三桂十分掛心家人。

吳三桂率兵往西，到達灤州時，他遇到兩位從吳家逃出來的僕人，吳三桂問：「我的父親可還安好？」僕人回答：「已被李自成捉去當人質。」吳三桂又問：「陳圓圓是否安然無恙？」僕人回答：「李自成聽說陳圓圓美貌無雙，現已被李自成的部下劉宗敏擄去。」吳三桂聽了之後十分震怒，他瞪大眼睛，大聲喊道：「枉我身爲男子漢大丈夫，竟然連一個女子都保不住，我還有何顏面活在這個世上？」吳三桂縱身上馬，回到山海關擊敗李自成派來的守關將領，奪回山海關。他召集所有謀臣、將士，悲痛的對他們說：「李自成殺了我所效忠的君主，又擒捉了我的父親，此仇不報，我吳三桂誓不爲人。」全軍都讚嘆的說：「將軍眞是個忠孝雙全的男子漢啊！」吳三桂派遣精通滿州語的部下守亮，前往去見睿親王多爾袞，向他轉達吳三桂想要與他會面的心意。多爾袞的心腹就勸他說：「吳三桂對抗清軍已久，此時欲見王爺，恐防他有詐。」多爾袞笑著說：「本王聽說吳三桂的父親與愛妾都被李自成所擒，他正爲此悲憤不已，這次要求會面，應該是想借助清軍的力量助他報仇。本王聽說，一個人憤怒的時候，他的臉上會顯現凌厲的神色，他的舉動會狂妄張揚，他是否眞心與滿清合作，只要屆時觀察他的言行舉止就能得知。」等到吳三桂與多爾袞見了面，他又是憤怒，又是傷心流淚，這時多爾袞見他如此悲憤，不似有詐，就消除對他的疑慮，雙方達成合作協議，一同出兵討伐李自成。

李自成聽說吳三桂起兵，就親率二十萬將領前往討伐，把吳三桂的父親吳襄安置在軍中一同前往；同時，派人招降吳三桂，吳三桂將前來招降的將領扣留在軍中。數日後，多爾袞的大軍抵達山海關，吳三桂親自前往迎接，雙方列陣以待。吳三桂先率軍與李自成派出的將領在一片石大戰，多爾袞趁機領兵突襲，李自成在山崗處觀戰，見到滿洲兵十分驚訝，大喊：「這是滿洲兵！想不到吳三桂竟然與清兵合作。」戰後李自成大軍敗退，他命人將吳襄斬殺。多爾袞晉封吳三桂爲平西王，命他追擊李自成。清軍入關後，清世祖康熙遷都北京，授予吳三桂平西王的冊印。滿清能順利入主中原，吳三桂在中間扮演了重要的角色。

人物

吳三桂，字長白，明末清初高郵人。生於西元一六一二年，卒於西元一六七八年。明末崇禎年間，爲遼東總兵鎭守山海關，防止清兵入關南下。李自成爲首發動民變，京師淪陷，李自成部下劉宗敏，搶奪吳三桂的愛妾陳圓圓，並擒捉他的父親吳襄，吳三桂乃引清兵入關，李自成兵敗，滿清遂入主中原。吳三桂受封爲平西王，鎭守雲南。後康熙帝想要撤藩，吳三桂擔心權勢被消，遂以反清復明爲號召，背叛滿清，自稱周帝，不久病死。

釋評

這段文字旨在說明一個人的心理狀況，會表現在他的神情與言談舉止上。想要了解一個人內心的想法與爲人處世的態度，可以從三個方面來考察：其一，從他的神情臉色可看出端倪。例如：一個人生氣的時候，他的臉上就會顯現出慍怒的神色；一個人高興的時候，他的臉上就會表現出愉悅的神色。其二，從他的言論談話來考察。例如：一個人高興的時候，他在談話中會洋溢出喜悅的言辭；一個人生氣的時候，他在談話中會流露出憤怒、不悅的言辭；一個人身染疾病時，他的臉色就會黯淡無光。其三，從他的行爲舉止來考察。一個人心懷忌妒的時候，他的行爲就會輕率魯莽。

所以，想要了解一個人內心的想法與他的處世態度，只要結合這三者來考察，就不難了解他內心的想法。舉個例子來說：當一個人內心憤怒時，說話會狂妄激動，表情則凌厲乖張，並可能會做出傷害對方或激憤的舉動。這是一個人心理情緒的正常反應，即便這個人想要掩飾，但他的言論、行爲舉止與神態一定會有不相符合的情況出現，這個時候，我們就能夠知道這個人是否心口不一。例如：他嘴上說的是喜悅的言論，可是臉上的表情卻是憤怒、不悅，這個時候他的表情、心理情緒已經流露出憤怒的態度，表示他說的話是有目的性的，不足以被採信；相反，一個人的言辭與他想要表達的意思相違背，可是他的神色是誠懇且充滿自信，那麼這個人還是可以信任，只是他的語言表達能力比較拙劣而已。

因此，我們想要檢測一個人心口是否如一，只要考察他的言論、行爲舉止與神色是否相符合，就可以知道這個人是否值得信任，或者應當對他抱持懷疑的態度。

名人佳句

妻子豈應關大計，英雄無奈是多情。

這是明末清初的吳偉業所作的敘事詩〈圓圓曲〉中的兩句，意思是說：「大丈夫不應該為了兒女情長，而置天下家國於不顧。」這兩句詩明顯諷刺吳三桂因為愛妾陳圓圓被李自成部下所擄，他一怒之下為了奪回妻子引滿清入關，而不顧民族大義與家國天下，因為此事使吳三桂成為後世所抨擊的對象。人在憤怒時，會表現在行為舉止上，吳三桂原本是明代的山海關守將，只因一時的氣憤與多爾袞合作，引清兵入關，從這件事上可以看出吳三桂的為人與處世態度。

原文

何謂觀其至質，以知其名？

凡偏材之性，二至以上，則至質相發，而令名生矣。是故骨直氣清，則休名生焉。氣清力勁，則烈名生焉。勁智精理，則能名生焉。智直彊愨，則任名生焉。集于端質，則令德濟焉。加之學，則文理灼焉。是故觀其所至之多少，而異名之所生可知也。

譯文

什麼叫做觀察一個人最具代表性的氣質才性，藉以得知他的名聲呢？

舉凡是偏才資質的人，同時兼具兩種以上特殊卓越的才能，這些才能就會互相激盪，促使他的才能更加顯著，此時他的美名也會傳播開來。所以，堅毅勇敢的人，就能獲得良善的名聲。氣質清朗，體魄健壯的人，就能獲得威武的名聲。智慧突出，精通事理的人，就能獲得精明幹練的名聲。聰明正直，堅強而誠信的人，就能獲得守信的名聲。以上所列的資質才能，如果能集於品行端正的人身上，就能成就美善的德行，加上後天努力學習，學識才華就能顯現出來。因此，觀察一個人所具備的卓越氣質才能，就能了解他所獲得各種不同的名聲。

事典

勇猛威武的呂布

呂布是東漢末年的武將，他因爲武藝高強、驍勇善戰，在并州任職，刺史丁原很器重他，任命他爲主簿。靈帝駕崩時，丁原接到何進的徵召，率領軍隊到洛陽，擔任執金吾。東漢末年，宦官當權，何進爲了說服何太后誅殺宦官，引董卓入宮，藉此逼迫何太后就範。董卓還未入京，何進就已被殺，董卓便引誘呂布殺掉丁原，並且呑併他的軍隊。

董卓任命呂布爲騎督尉，並且與他父子相稱，十分重用且信任他。不久，呂布升遷爲中郎將，封都亭侯。董卓知道自己爲人凶狠，時常擔心有人想要謀害他，所以出入都命呂布擔任護衛保護他的安全。有一次，呂布不小心得罪了董卓，董卓氣得拿小戟丟他。呂布身手敏捷，迅速閃過，陪著笑臉向董卓道歉，董卓才不再生他的氣。自從這次之後，呂布對董卓懷恨在心。董卓全然不知，還命呂布守衛正中的閤門。呂布還與董卓的侍女有私情，更加擔心此事會被董卓知曉，心中越發感到不安。所以就私下去見司徒王允，將董卓想要殺掉他的事情告知他，王允當時沒有表態，只是叫呂布先行離去，並告知呂布此事他會想辦法解決。

當時朝政都被董卓把持，他挾持天子號令群臣，王允等人對董卓惡行不滿已久，他正在和尚書僕射士孫瑞密謀，要計劃除掉董卓。王允對士孫瑞說：「呂布是董卓身邊最親近的人，而且他性格勇猛，體格健壯，他威武的名聲已經傳遍整個京師，想要除掉董卓必須利用呂布。」

士孫瑞也同意這個計畫，王允就將呂布叫來，對他說：「將軍素有威武的名稱，以您的能力絕對可以稱霸一方，屈居於董卓之下實在是委屈將軍了，若是將軍下定決心想要除掉董卓，在下可以助將軍一臂之力。」呂布很高興的說：「王大人有何妙計，不妨相告。」王允就說：「董卓十分信任將軍，出入一定會帶將軍做護衛，不如將軍內應，將董卓的情況向下官透露，下官可以與將軍裡應外合，誅殺董賊，復興漢室，屆時將軍必爲功臣，何愁無法建功立業？」呂布說：「可是董卓與我是父子，我若殺他豈不是大逆不道，若是傳揚出去，必爲世人恥笑。」王允說：「將軍姓呂，董卓姓董，你們本無血緣關係，談何父子？況且，董卓向你扔戟之時，心中可曾顧念父子之情？如今擔心自己的生死都還來不及，哪裡還顧得上父子關係？」呂布覺得王允說的很有道理，於是就答應了王允的提議。

不久，呂布就在閤門口將董卓給殺了，事成之後，王允任命呂布爲奮威將軍。

人物

呂布，字奉先，東漢九原（今綏遠省五原縣）人。生年不詳，卒於西元一九九年。先後侍奉丁原、董卓，被董卓收爲義子，後因董卓暴虐，與王允聯手誅殺董卓，後乘機占據徐州，擁兵割據成爲軍閥，最後被曹操所擒殺。

釋評

這段文字要表達的是名實相符的觀念。「實」，是指人的氣質才性，諸如：堅毅勇敢；氣質清朗，體魄健壯；聰明正直，堅強而誠信等。「名」，指的是外在的美名，這個名是虛的，它所指涉、對應的是人內在卓越的氣質才能。

劉邵指出，人內在的氣質才能與外在的名聲應當是互相呼應的，具有何種品格特質的人，就應當擁有何種名聲。所以他認爲，聰明正直，堅強而誠信的人，應當擁有守信的美名；擁有智慧，能看清局勢發展的人，應當擁有精明能幹的名聲。因此，想要考察一個人是否擁有卓越的氣質才能，只要看他所獲得哪幾種名聲就能得知。

名人佳句

勇猛剛強者戒於大暴。

這句話出自東漢班固編纂的《漢書．匡張孔馬傳》，意思是說：「勇猛剛強的人，要以殘暴來警惕自己。」勇猛剛強的人，處事容易衝動，若是稍有不慎，就會做出傷害別人的事情，所以要時時刻刻以殘暴不仁來自我警惕。

原文

何謂觀其所由，以辨依似？

夫純訐性違，不能公正；依訐似直，以訐訐善。純宕似流，不能通道。依宕似通，行傲過節。故曰：直者亦訐，訐者亦訐，其訐則同，其所以爲訐則異。通者亦宕，宕者亦宕，其宕則同，其所以爲宕則異。然則何以別之？直而能溫者，德也。直而好訐者，偏也。訐而不直者，依也。道而能節者，通也。通而時過者，偏也。宕而不節者，依也。偏之與依，志同質違，所謂似是而非也。

譯文

什麼是觀察一個人的經歷，用以分辨他的行爲是否似是而非呢？

攻擊別人的短處，揭發他人的隱私，這樣的人處事無法公平公正。他們靠攻擊別人的缺點讓自己顯得大公無私，揭發他人的隱私來攻擊善良的人。放蕩不羈的人看起來不受拘束，實則他們的行爲無法符合正道。透過放蕩不拘顯示自己通達的人，實則行爲傲慢，超越禮法的規範。所以說，正直的人，秉持公平公正的原則攻擊別人的過失；而專門攻擊別人的人也會攻擊別人的過失，看起來他們都是攻擊對方過失，但這兩者之間背後的行爲動機卻是背道而馳。眞正通達的人，行爲放蕩不羈；傲慢無禮的人，行爲也放蕩不羈，他們不受拘束的行爲雖然都相同，但是他們背後的行爲動機卻大相逕庭。既然正反雙方如此相似，我們要如何分辨這兩者之間的差異所在呢？行爲正直，性格平和溫順，這是眞正有德者才能體現出來的樣貌。行爲正直，卻喜歡攻擊別人的短處，這是偏離正道的人才有的行爲舉止。喜歡揭發別人的隱私卻心術不正，是表裡不一的人。持守正道行爲能符合禮節法度，是能體現正道的人；持守正道行爲越出禮法的規範，這是行爲有所偏差的表現。行爲放蕩不羈而不知節制，是看似無拘無束，實際上卻是違反禮法規範的人。行爲有所偏差與看似如此，顯現出來的樣貌雖然相同，然而本質卻是大相逕庭，這就是所謂的似是而非。

事典

行爲放蕩的劉楚玉

南北朝時期的南朝劉宋時期，有位山陰公主劉楚玉，是皇帝劉子業的姐姐，她長得美豔妖嬈，行爲放蕩，荒淫無度。有一日，她進宮晉見劉子業，對他抱怨說：「妾與陛下雖然男女有別，卻都是先帝的骨肉，陛下後宮佳麗數百人，妾卻只有駙馬一人，這件事實在不公平，請陛下爲妾做主。」劉子業就賞賜她面首三十人，都是供她玩樂的俊美男子，又晉封她爲會稽長公主，俸祿等同郡王。劉子業每次外出遊玩，公主與朝臣時常陪同左右。

有大臣看不慣公主荒淫的行爲舉止，就對劉子業勸諫說：「公主身爲女子，理應恪守婦道，她既然已有駙馬，就應該從一而終，整日與面首嬉戲玩樂，此事若是傳揚出去，有失皇家體面。」劉子業說：「長公主是朕的姊姊，理應享有不同的待遇，況且公主一向不喜拘束，若是用尋常女子的禮節規範來要求她，公主定會覺得很不自在。有些隱居山林的隱士，不也是崇尚自由，討厭被禮法約束嗎？這些隱士被世人譽爲賢才，爲何同樣的事情到了公主身上，就變成行爲放蕩了呢？」大臣說：「皇上所言差矣！雖然他們的行爲看起來都是崇尚自由，討厭拘束，但那些隱居山林的隱士，行爲雖然有悖於世俗，但是他們仍然遵守禮法規範，不會做出逾越本份的事情；但是公主的行爲已經違背禮法規範且不知節制，這是縱欲淫亂，違反了夫妻應有的人倫規範。兩者看起來都是放蕩不羈，實則似是而非，若陛下不予制止，皇家顏面將蕩然無存。」劉子業不聽大臣的勸諫，仍然縱容劉楚玉放縱淫亂，最後姊弟倆被劉彧所殺。

人物

劉楚玉，生於西元四四〇年，卒於西元四六六年。南朝劉宋山陰公主，後加封爲會稽長公主，孝武帝劉駿與皇后王憲嫄之女，前廢帝劉子業的姐姐，駙馬何戢。劉彧因劉子業荒淫無道將他誅殺，即位爲明帝。公主劉楚玉也因縱欲淫亂，私藏男寵而被賜自盡。

釋評

這段文字我們同樣可以用名與實的概念來詮釋它。「名」，在這裡指的是外在的行爲表現；「實」，指的是內在的心理狀態與行爲動機。可以分爲三種情況：第一種，當外在的行爲表現與內在的心理狀態與行爲動機完全相符合時，這就是能夠體現正道、符合公平公正原則的行爲。例如：行爲正直，內心良善，性格平和溫順，這是有德者的表現。「行爲正直，內心良善」是實，「表現出來的性格是平和溫順」是名。第二種，當外在的行爲表現與內在的心理狀態與行爲動機不盡相符時，就是偏差的行爲表現。例如：行爲正直，內心良善，卻喜歡攻擊別人的短處。「行爲正直，內心良善」是實，「攻擊別人的短處，是偏激行爲的表現」是名。第三種，當外在的行爲表現與內在的心理狀態與行爲動機完全不相符時，就是違背禮法的行爲表現。例如：喜歡揭發別人的隱私、攻擊別人的短處卻心術不正的人。「喜歡揭發別人的隱私、攻擊別人的短處」是名，「心術不正」爲實。

因此，由以上分析我們可知，第一種與第二種情況的內在動機皆是相同的，即均是「行爲正直，內心良善」。不同的是外在的行爲表現，有德之人的行爲表現是「性格平和溫順」；行爲偏差之人的外在的行爲表現是「喜歡攻擊別人的短處」，這類人抨擊他人的目的，在於幫助別人改正自己的缺失，進而符合正道，這種人雖然內心正直卻行爲偏激，有違正道。第三種情況，是藉由攻擊別人的短處以達到自己的目的，這類人的外在行爲與內在動機完全是背道而馳的。第二種與第三種情況，表現出來的行爲皆是「喜歡攻擊別人的短處」，但是內心動機卻相差甚遠，所以說是「似是而非」。

名人佳句

放蕩功不遂，滿盈身必災。

這句話出自宋代張詠的《勸學》，意思是說：「行為放蕩的人無法獲得成功，過度自滿驕傲必然會惹來災禍。」一個人的行為如果不檢點，違背禮節法度，那麼他注定會失敗，就如同驕傲自滿的人，因為看不見自己的缺失而志得意滿，不知道自我檢討，災禍不久就會臨身。

原文

是故，輕諾似烈而寡信，多易似能而無效，進銳似精而去速，訶者似察而事煩，訐施似惠而無成，面從似忠而退違，此似是而非者也。

亦有似非而是者：大權似姦而有功，大智似愚而內明，博愛似虛而實厚，正言似訐而情忠。

夫察似明非，御情之反，有似理訟，其實難別也。非天下之至精，其孰能得其實？故聽言信貌，或失其眞；詭情御反，或失其賢；賢否之察，實在所依。是故，觀其所依，而似類之質，可知也。

譯文

所以，輕易允諾別人看起來性格爽朗，卻是不守信用；時常改變作風看起來很能幹，實則沒有效率；急功近利看起來精明能幹，卻無法堅持到最後，輕易退縮放棄；指責別人的缺失，看起來觀察入微，實際上經常把事情弄得很複雜；假裝施予別人恩惠，看似待人和善寬容，實則不會兌現承諾；表面上唯唯諾諾看似忠誠，實際上暗中施行奸詐狡猾的事情。以上所列舉的都是表面上看起來是「是」，實則所思所爲是「非」的例子。

也有表面上看起來是「非」，實則所思所爲是「是」的例子，諸如：使用陰謀權術看起來是陰險小人，實則對國家百姓有功勞；眞正有大智慧的聖人表面上看起來很愚笨，實則他能觀察入微、見微知著；博愛的人看起來與誰都能親近，其實他本質敦厚而專一；正直的言論看似攻擊別人，實則是秉性良善，希望別人能改進自身的缺失。

在觀察人的氣質性情時，要想考察似是而非，以違反常理的態度去明瞭反常的現象，如同審理案件，辨別好人與壞人一般，實際上非常難以分辨。若不是天下間最精明的人，又有誰能分辨得出來眞實的樣貌？所以，只觀察一個人表面上的言論與神色，有可能無法正確把握他眞實的樣貌。用違反常理的態度去對待反常的現象，有的時候又會失去賢才。想要觀察一個人是否賢能，只能弄清楚他行爲舉止背後的意圖。所以，觀察一個人的心理狀態，那麼相似的行爲舉止也就能了解清楚了。

事典

大智若愚的朱由校

明熹宗朱由校的父親是明光宗朱常洛，光宗即位一個月就身亡，熹宗匆忙登基爲帝，所以他未曾被立爲太子，也曾未受過正規的太子教育，且即位時年僅十四歲，因此缺乏處理朝政的能力，在國政上只能依賴宦官魏忠賢的輔佐。朝政都由魏忠賢與他的同黨所把持。熹宗生性機智靈巧，特別喜歡做木工，每次他在做木工時，魏忠賢與他的同黨就趁機向皇帝稟奏政事，此舉讓皇帝很不耐煩，就隨口說：「這件事朕已經知道了，你們就好好的去做吧！」魏忠賢就肆無忌憚的跟隨自己的心意去作威作福。

有大臣對熹宗說：「魏忠賢提拔親近的人，排除異己，獨攬大權，再這樣下去就連陛下的皇位恐怕也將不保。」熹宗說：「如今朝政敗壞，大臣們難辨忠奸，朕在朝堂上也唯有魏忠賢可以信任，況且他想要權力就必須得依附朕，所以他是不會對朕不忠的，這點愛卿大可以放心。」大臣說：「即便如此，皇上也應該親自處理政務，怎可沉迷於木工，而將朝政全都交給魏忠賢與他的黨羽處理呢？」熹宗嘆口氣說：「朕即位時尚且年幼，政務又都由宦官把持，朕只不過是有名無實的皇帝罷了，若不表現得愚笨一點，恐怕早就被覬覦地位的有心人給剷除了，哪裡還能活到現在呢？」大臣恍然大悟說：「原來陛下是故意沉迷於木工之事，實則是想要那些覬覦帝位的人放鬆警惕，認爲陛下是昏庸無能之人，藉以保全性命啊！陛下眞是大智若愚之人。」

人物

朱由校，生於西元一六〇五年，卒於西元一六二七年。明朝第十六代皇帝。寵信宦官魏忠賢，導致朝政都把持在魏忠賢的手裡。後因泛舟落水，病情加重，召信王朱由檢覲見，即行駕崩，廟號熹宗，享年二十三歲。

釋評

在觀察人的內在心理狀態與外在行爲舉止關係的問題上，劉邵所提出的主張是：觀察一個人是否賢能，必須弄清楚他的行爲舉止背後的意圖、行事的動機，而不只從他表面上的神態與言論就輕率地下判斷，因爲我們有可能被他表面上的行爲舉止、神色態度與言論給迷惑，而忽略了他內心眞實的想法，如此有可能造成我們判斷上的錯誤。

造成我們判斷上錯誤的原因有二：「似是而非」與「似非而是」。「似是而非」，指的是一個人表面上的行爲看似正確、誠懇、良善，但他內心眞實的想法有可能是錯誤、奸詐、不誠實。「似非而是」，指的是一個人表面上的行爲看似愚笨、奸詐、虛僞，實則他內心的想法有可能是良善、智慧、忠誠。因此，我們若是僅從一個人表面上的行爲舉止、神色態度與言論來觀察一個人的才能，有可能被以上這兩種情況所迷惑。所以，了解一個人行爲背後的動機，才能避免被上述這兩種情況給誤導，而理智的判斷一個人的賢能與否。

名人佳句

君子盛德容貌若愚。

這句話出自司馬遷《史記．老子韓非列傳》，意思是說：「君子是德行完備的人，外表看起來卻似愚笨。」有德君子不會把德表現出來，而是內斂含藏的藏於心中，不輕易讓人看出來，以防遭人妒忌陷害，這是保全自身的絕佳辦法。

觀人經

原文

何謂觀其愛敬，以知通塞？蓋人道之極，莫過愛敬。是故《孝經》以愛為至德，以敬為要道。《易》以感為德，以謙為道。《老子》以無為德，以虛為道。《禮》以敬為本。《樂》以愛為主。然則人情之質，有愛敬之誠，則與道德同體，動獲人心，而道無不通也。

譯文

什麼是觀察一個人的仁愛與尊敬的態度，以便了解他的人際關係是融洽還是疏離的呢？人類社會的道德規範的最高準則，莫過於仁愛與尊敬。所以，《孝經》以仁愛為德行最高的典範，以恭敬為待人處事的重要準則。《易經》以陰陽交感為化育萬物的法則，以謙遜為常道。《老子》以無為為玄德，以虛靜為常道。《樂經》以博愛為主旨。人的性情之中，有仁愛恭敬的本質，就能在生命中將道德體現出來，而能使別人感動並且順服，他的人際關係就能十分融洽。

事典

仁愛恭敬的李士謙

隋朝時，有位隱居的居士李士謙，年幼喪父，他侍奉母親十分孝順。有一次，他的母親嘔吐，他以爲是食物中毒，就跪在地上舔嚐母親的嘔吐物。他的伯父瑒深見到了，就讚許的說：「這個孩子如此孝順，平日裡侍奉母親也很恭敬，孔門的弟子中就屬顏回最爲孝順，這孩子與之相比絲毫不遜色。眞是我家的顏回啊！」後來他的母親過世，服喪期滿，他就將宅院捐贈出去改建寺廟，認眞鑽研學業，從不感到倦怠。他博覽群書，兼通天文占卜之術。隋朝建立後，他立志不入朝做官。平日潔身自愛，不飲酒吃肉，也不說傷害別人的話，待人十分和善。

有一次，遇到饑荒之年，無數的人餓死，李士謙把所有家產都捐贈出來，施粥贈災，數以萬計的人因此得以存活下來。百姓們都非常感激李士謙，有人稱讚他說：「李士謙眞是一位仁愛的君子，他捨己爲人的情操眞使人感動，如果不是他慷慨解囊救助饑民，死於饑荒的人將會更多。」

人物

李士謙，字子約，趙郡平棘人。曾在於魏廣平王辟麾下擔任參軍（王府中的重要幕僚）。後因北齊篡魏，辭官回家。隋朝建立後，子約為了忠於舊主，終身不出來做官，朝廷屢次徵召都被他拒絕。

釋評

劉邵認為仁愛與恭敬是人最高的道德規範。因此，想要了解一個人的氣質與性情，只要觀察他待人處事是否依循仁愛與恭敬的原則，就能知道他的人際關係是融洽還是疏離。一個待人恭敬與仁愛的人，就能使人對他心悅誠服；反之，一個人如果態度傲慢，寬仁不足，那麼別人就會遠離他。

劉邵為了說明仁愛與恭敬的重要性，還從《孝經》、《易經》、《老子》、《樂經》等經典中尋找理據來證明。《孝經》主要在教導人要孝順父母、友愛兄弟，恭敬有禮的待人處事。《易經》以陰陽互相感應、轉化才能化育天地萬物，而「德」就在孕育天地萬物中顯現。《老子》對「德」的理解不是正面的肯定，而是在於消去人對於外在「德」的價值標準認定，如此才能將「德」眞正的意涵體現出來。只有在無目的與無條件的情況下，所發出來的行為才算是眞正的「德」。所以，《老子》以「無」來詮釋「德」，「無」指的是無心無為，即完全是由心所發出的行為，而非任何有目的與有條件所做出來的行為。《樂經》已經失傳了，所以無法判斷裡面所記載的內容，依劉邵的理解，《樂經》是宣揚博愛的思想。

名人佳句

夫溫良者，仁之本也。

這句話是出自三國時代王肅所編纂的《孔子家語》，意思是說：「溫和善良，是仁心的根本。」孔子認為仁心善性是每個人都有的，有些人之所以無法將其顯現出來，是因為被私欲所蒙蔽。沒有被私欲蒙蔽的人，則能表現出溫和與善良的行為，這是仁心善性的表現也是其根源。

原文

然愛不可少於敬。少於敬，則廉節者歸之，而眾人不與。愛多於敬，則雖廉節者不悅，而愛接者死之。何則？敬之爲道也，嚴而相離，其勢難久。愛之爲道也，情親意厚，深而感物。是故觀其愛敬之誠，而通塞之理可得而知也。

譯文

仁愛之心不可少於恭敬。少於恭敬，雖然清廉守節之人會前來歸附，卻無法得到民心。仁愛之心多於恭敬，雖然清廉守節之人會感到不悅，接受過他的恩惠的人卻能甘願爲他效忠至死。這是爲什麼呢？以恭敬待人處事，禮節法度規範甚嚴，容易給人一種不近人情的感覺，所以他的威勢無法持久。以仁愛待人處事，情意深厚，感人至深。所以觀察一個人仁愛與恭敬的態度，就能了解他的人際關係是融洽還是疏離。

事典

洞察局勢的范增

楚漢相爭，楚指的是西楚霸王項羽，漢指的是漢王劉邦。范增是項羽的謀臣，項羽尊他爲亞父。劉邦率先進入關中，派人守住函谷關，阻攔項羽大軍進入咸陽。項羽聽說劉邦已進入咸陽，大怒，就派當陽君等人攻破函谷關，項羽才得以進入。當時，項羽和劉邦的兵力懸殊，劉邦兵力不如項羽，聽說此事，十分害怕，就退出咸陽，在霸上這個地方紮營。劉邦親自前往向項羽道歉，表明他沒有想要稱王的意圖。項羽設宴款待，宴中，范增數次示意項羽殺了劉邦，項羽都沒有理會，范增感嘆的說：「項羽這小子不聽我的話，將來我們一定會成爲劉邦的俘虜，奪取項王天下的人，一定是劉邦。」

項羽進入咸陽後，殺秦降王子嬰，放火焚燒秦朝的宮殿，大火燒了三個月都不熄滅；他又搶奪財貨珍寶與美女無數。此舉引起老百姓的憤怒，從此項羽失去民心。項羽自立爲西楚霸王，分封劉邦等諸王，韓信、陳平等人也因爲不受項羽重用而轉投劉邦麾下，後來劉邦能打敗項羽奪取天下，也都仰賴這兩人的輔佐。

從此之後，陷入楚漢相爭，僵持不下的局面。有一次，劉邦被圍困在滎陽，他派遣使者，向項羽傳達想要講和的心意。項羽原本想要答應，范增就勸他說：「如今要拿下漢王勢力十分容易，如果大王您現在放棄這大好良機，將來必會後悔。」項羽就聽從他的建議，急攻滎陽。劉邦知道以後，十分害怕，就採用陳平的離間計，疏遠項羽與范增的君臣關係。項王的使者前來拜見劉邦，劉邦故意派遣侍者送上豐盛的食物來款待他，上菜的侍者一見到項王的使者，就故作驚訝的說：「我還以爲是亞父的使者，沒想到竟然是項王的使者。」侍者就把飯菜端下去，換上粗茶淡飯給項羽的使者吃。項羽的使者回去後，將此事稟報給項羽知悉，項羽懷疑范增與劉邦私下有利益往來，從此開始疏遠范增，逐漸削減他的權力。

范增知道這件事後非常生氣，就對項羽說：「大王的兵力原本勝過劉邦許多，麾下謀臣賢將無數，但如今形勢對大王十分不利，大王知道爲什麼嗎？」項羽說：「願聽亞父的教誨。」范增說：「起初，大王禮遇賢臣，對待他們非常恭敬，所以賢臣良將都願歸附大王。但是大王空有恭敬之情，卻無仁愛之心。大王進入咸陽後，殺了秦朝投降的子嬰，又焚燒了秦朝的宮殿，這個殘暴的舉動引來百姓的不滿與憤恨，這是大王失去人心的第一步。後來對身邊的謀臣賢將又無法信任，才導致像韓信、陳平那樣的賢臣離開大王，轉投劉邦的麾下效命，使得漢王的勢力日漸壯大，這是大王失去民心的第二步。現在大王又聽信小人的挑撥，懷疑臣對大王的一片忠心，這是大王失去民心的第三步。事已至此，天下的形勢已定，臣留在大王身邊也無法挽回什麼了，臣只有一個請求，請准許臣告老還鄉做一個平民百姓。」項羽答允了，范增離去後，還沒有回到彭城就背上長了膿瘡，病死在半途上。

人物

范增，生於西元前二七八年，卒於西元前二〇四年。戰國後期至秦末居巢（今安徽省巢湖市亞父街道）人，西楚霸王項羽首席謀臣。項梁抗秦起義時，范增曾勸諫項梁擁立楚懷王的後裔熊心爲王，就一直留在項羽身邊輔佐，項羽尊稱他爲「亞父」，在楚軍中地位尊崇。但項羽未能聽從范增的建議在鴻門宴上殺了劉邦，錯失良機，導致日後劉邦壯大。後因陳平的離間計，令項羽失去對范增的信任，離開楚軍後不久即病逝。

釋評

人的情性中，若是能同時兼有仁愛與恭敬的特質，且兩者份量相當，不偏不倚，那麼就能使人自然歸順服從，人際關係自然就能夠融洽。若是仁愛之心不足，而恭敬之情偏多，就會吸引清廉守節的人前來歸附、效命，缺點是對於禮節法度的規範太過嚴謹，顯得不近人情，會使民心疏離，久而久之將會眾叛親離。反之，若是仁愛之心多於恭敬之情，雖然無法得到清廉守節之士的認同，但他平時多施恩惠予人，在別人需要當幫助時不吝施以援手，所以受過他恩惠的人，在緊要關頭也將會心甘情願的爲他效命，以作爲回報。因此，仁愛之心與恭敬之情的成份多寡，將會影響到一個人的人際關係，只要從他待人處事的態度就可以看得出來。

名人佳句

以眼還眼只會讓整個世界變得盲目。

這句話是印度國父甘地所說的，意思是說：「以殘暴制服殘暴，只會讓整個世界陷入黑暗。」人往往都是：別人挖你一隻眼睛，你也要挖那個人一隻眼睛報復回去，但是這種以暴制暴的行徑，只會導致整個世界陷入永無止境的戰爭當中。所以，制服殘暴最好的方式，還是要喚醒人性內在的仁愛之心，只有真正的敞開心胸原諒別人，以推己及人的心去了解別人的行為與動機，這樣才能拯救人民於水深火熱之中。

原文

何謂觀其情機，以辨恕惑？夫人之情有六機：杼其所欲則喜，不杼其所能則怨。以自伐歷之則惡，以謙損下之則悅，犯其所乏則婟。以惡犯婟則妒。此人性之六機也。

譯文

什麼是觀察一個人情緒變化的徵兆，以分辨他待人處事的態度是寬容還是不通情理？人的情緒變化有六種特徵：滿足他的欲望就會感到高興，當欲望無法被滿足時則會產生埋怨。當別人在他面前炫耀，則會產生厭惡的情緒；當別人在他面前自貶或自謙時，則會感到喜悅；有人觸犯到他的缺點時，則會嫉恨。惡意揭發他的隱私或短處時，則會氣憤。這是人性的六種表現。

事典

侯嬴對魏公子的察言觀色

戰國時代的信陵君，是魏昭王的兒子，人稱他魏公子。有一次，秦國出兵攻打趙國，眼看已經包圍了趙國都城邯鄲，情勢非常危急。魏公子的姐姐是趙惠文王之弟平原君的夫人，她屢次派遣使者，寫信向魏王與魏公子求救。魏王派遣將軍晉鄙率領十萬大軍前往救援。秦王派遣使者轉告魏王說：「寡人攻下趙國不過旦夕之間的事情，其餘諸侯國若敢前往援救，待寡人拿下趙國，必定先調兵攻打它。」魏王很害怕，擔心秦軍會率軍前來報復，就命晉鄙把軍隊留在鄴城紮營，名義上是去救援趙國，實則是觀望不前。平原君寫信給魏公子對他說：「聽說公子對於有困難的人必定會伸出援手，現在邯鄲就快要被秦軍給攻佔了，衛國的援軍還遲遲不來，難道公子要見死不救嗎？就算公子不管我這個姊夫的死活，難道你姐姐的死活也不管了嗎？」魏公子深感憂慮，又派人去遊說魏王出兵，魏王畏懼秦國會挾怨報復，始終按兵不動。魏公子就決定召集門下賓客，決定即便拚上自己性命也要去解救趙國，與趙國共存亡。

魏國國都有個守門的小官侯嬴，信陵君很尊重他，出發前，魏公子去拜見侯嬴，把與秦軍拚一死戰的決定告訴他，希望侯嬴可以幫助他。侯嬴卻說：「公子加油吧！請恕老臣不能跟隨了。」魏公子走了數里，心中頗爲不悅，說：「我平時待侯嬴不薄，天下間沒有誰不知道的，現在我將要赴死，侯嬴卻沒有隻言片語要贈予我，難道我犯了什麼過錯得罪了他嗎？」

魏公子便掉頭回去質問侯嬴。侯嬴笑著說：「我就知道公子一定會回來。」魏公子問：「難道先生懂得神機妙算嗎？」侯嬴說：「老臣非是懂得神機妙算，而是能夠洞察人情。凡人之有所求，而無法遂其心願者，必然心有不甘而心生埋怨。老臣先前觀公子神色頗有怒容，便知老臣沒有向公子獻策，已經惹公子不愉快，以公子的個性，一定會回來向老臣問個明白。」他又繼續說：「公子喜歡招攬賢才，這是天下都知道的事情。現在趙國有難，公子想前往救援，魏王又不肯出兵，您只好親自前往戰場與秦軍拼命，此舉無疑把肉送到老虎嘴邊無濟於事，又有何功勞可言？老臣平時承蒙公子厚待，今有一良策獻給公子。」魏公子向他施禮，問他有何良策。侯嬴屏退左右隨從，對他說：「老臣聽聞晉鄙的兵符放在魏王的寢殿內，眾姬妾中屬如姬最受寵愛，她可以自由進出魏王的寢殿，有能力將兵符偷出。」魏公子問：「我與如姬交情不深，無緣無故她怎肯幫我？」侯嬴說：「公子難道忘了您曾施恩於她。如姬的父親被人殺害，她出重金招攬刺客前去替她報父仇，過了三年，沒有人敢答應幫她。公子曾經替她達成心願，派門下賓客斬殺如姬的仇家。如姬得償所願報了父仇，心中定然高興並且對公子心懷感激，正愁沒有報答恩情的機會。只要公子開口相求，如姬一定會願意爲公子將兵符偷出，到時候公子得到兵符奪取晉鄙軍隊，再去救援趙國並且擊退秦軍，豈不一舉兩得嗎？」魏公子按照侯嬴的計策去做，開口請如姬幫忙。如姬果然將兵符偷出交給魏公子。

後來魏公子成功擊退秦軍，解救趙國的危難，趙王對魏公子十分感激。

人物

信陵君，原名魏無忌，（生年不詳，卒於西元前二四三年）。戰國時代魏昭王之子，時人稱「魏公子」。他喜歡幫助有困難的人，養了許多門客，在當時頗有賢名。他採用侯嬴的計謀，援救趙國，擊退秦軍，因而揚名天下。後因小人讒言不被任用，遂抑鬱不得志沉迷酒色，不久病逝。在當時與齊國孟嘗君、趙國平原君、楚國春申君並稱爲戰國四公子。

釋評

人的情緒變化只有在遇到某些特定的情形，才會顯露出來，一共有六種情形：第一種，當人的欲望被滿足時，就會生出喜悅之情。例如：一個人渴望發財，當他中了樂透頭獎就會非常高興。第二種，當人的欲望無法被滿足時就會抱怨，心生不滿。例如：一個人渴望升職，當他看到同事獲得升遷而自己卻沒有升職時，他就會對公司主管或者同事表現出埋怨的情緒。第三種，討厭別人在自己面前炫耀。人都是希望自己是優秀且完美的，當某人處處炫耀自己的才能時，容易引起他人的厭惡。第四種，喜歡見到別人不如自己或者謙虛退讓。如上所述，每個人都希望自己是優秀且完美的，所以當別人在自己面前表現得差勁或者謙虛退讓時，就會感到喜悅。例如：職缺只有一個，甲和乙同樣都有獲得職務的機會，但是乙故意說自己的能力不足，無法勝任，此時甲因爲乙的退讓而能夠得到這個職務，就會感到非常高興。第五種，沒有人喜歡被人戳中痛處，如果有人不小心戳中別人的痛處，那對方將會懷恨在心。第六種，若是爲了打擊對方，故意中傷或者揭發他人的隱私，那對方就會非常氣憤。以上這六種情況，是人之常情的表現。

名人佳句

富與貴是人之所欲也，不以其道得之，不處也。

這句話是孔子所說，出自《論語．里仁篇》，意思是說：「財富與權勢是人人都想要得到的，不用正當方法獲得，即便是得到了也不接受。」財富與權勢沒有人不喜歡，如果能夠滿足這個願望，會感到高興雖然是人之常情，卻也與個人的品德修養有關係。如果是君子，即便給予他財富與權勢，卻不是他所應當接受的，他不僅不會接受，也不會感到高興。如果是小人，只要能滿足他對財富與權勢的追求，無論是不是他應當得到的，他都會欣然接受並且感到高興。

原文

夫人情莫不欲遂其志。故烈士樂奮力之功，善士樂督政之訓，能士樂治亂之事，術士樂計策之謀，辦士樂陵訊之辭，貪者樂貨財之積，幸者樂權勢之尤。

苟贊其志，則莫不欣然。是所謂杼其所欲，則喜也。

若不杼其所能，則不獲其志。不獲其志，則戚。是故功力不建，則烈士奮，德行不訓，則正人哀，政亂不治則能者嘆。敵能未弭，則術人思。貨財不積，則貪者憂。權勢不尤，則幸者悲。是所謂不杼其能，則怨也。

譯文

人之常情都是希望自己的欲望與志向能夠得到滿足。所以，有氣節抱負的人嚮往建功立業，品行高潔的人嚮往監督大臣執政，有才能的人嚮往治理國家，善於權術謀略的人嚮往替君王出謀劃策，能言善辯的人嚮往質問他人，貪心的人嚮往獲得豐厚的財富，受寵愛的人嚮往更高的名利權勢。

如果順遂他們的心願，無不歡欣鼓舞。這就是所謂的滿足欲望就會感到高興。

如果不能滿足他們的欲望，就無法讓他們一展長才。無法讓他們一展長才，就會感到悲傷失意。所以，無法建立功業，有氣節抱負的人就會激昂憤慨；德行不端正，品行高潔的人就會感到悲哀；政治不清明，局勢混亂，有才能的人就會悲嘆；敵人尚未被消滅，權謀之士就會憂慮；錢財無法累積，貪心的人就會擔憂；無法走向權力的巔峰，受君王寵愛的人就會感到悲哀。以上所列舉的，都是才能與志向無法得滿足，所產生的怨恨之情。

事典

悲憤投江自殺的屈原

屈原是戰國時代的楚國人，他曾擔任楚懷王的左徒。他見聞廣博，讀書過目不忘，能夠洞察國家盛衰興亡的道理，又熟悉外交辭令。入朝堂與楚懷王商量國家大事，對外都要聽從他的號令，負責接待外國使臣，很懂得如何應對諸侯國，楚懷王對他非常信任。

屈原當時意氣風發，時常對人說：「我這輩子最幸運的事情就是能夠得到大王的賞識與任用，所以我才能發揮自己的才能，爲國家與百姓效力。」上官大夫與屈原官位相等，他一向嫉妒屈原，聽到這番話後更加不是滋味，一心想要與他爭奪大王的恩寵，想找機會陷害他。有一次，楚懷王命屈原制定法令，屈原打好草稿，尚未定稿。上官大夫看見了，想要把這份草稿搶去，屈原不給，他就懷恨在心，去對楚懷王進讒言說：「大王命屈原制定法令，這是大家都知道的事情，每次頒布一道命令，就誇耀自己的功勞，覺得這件事只有我才能辦好。」楚懷王聽了很生氣，就疏遠屈原，將他貶官降職。

屈原心中悲憤，就寫下《離騷》，抒發自己抑鬱不得志的心情。他對朋友說：「大王識人不明，聽信小人的讒言，疏遠忠臣，導致正直的人無法爲國效命，唉！我眞爲楚國的未來擔憂啊！」朋友說：「楚大夫是個氣節抱負的人，在此長吁短嘆，難道不是因爲自己被大王貶官，無法得到任用，所以悲傷難過嗎？」屈原說：「雖然我很希望能像以前那項受大王信任，給予我一展長才與抱負的機會，但我更擔心的是楚國的未來啊！秦國併吞諸侯國的野心已經很明確了，如果大王親近小人，遠離忠臣，楚國也離亡國之日不遠了。」

後來，秦昭王想與楚懷王會面議和，屈原勸楚懷王不要前往，屈原說：「秦國就像虎狼一樣，想要併吞諸侯國，此次會面定然沒有安好心，大王千萬不要前去。」楚懷王的小兒子子蘭說：「楚國與秦國結婚姻親，難道還會害父王不成？父王千萬不要因爲一點小事得罪了秦國。」

楚懷王就聽了子蘭的話前往赴會，他進入武關，就被秦國的伏兵斷了他的退路，將楚懷王扣留在秦國，藉以逼迫楚國割地。楚懷王大怒，不答應割地，逃到了趙國，趙王擔心得罪秦國不敢接納，楚懷王只好又回到秦國，最後死在秦國，遺體被送回楚國安葬。

楚頃襄王即位，任用弟弟子蘭爲令尹，楚國百姓都怨恨子蘭勸懷王去秦國，導致他喪命異鄉的慘劇。屈原聽到這些事情後，痛心疾首，他雖然想要挽回局面，卻因爲小人當道始終無可奈何。他寫了一篇勸諫頃襄王的文章，指責懷王分不清忠臣與小人的差別，更指責上官大夫與令尹子蘭的過失。」子蘭聽到這些話後，非常生氣，就命上官大夫向頃襄王進讒言，頃襄王大怒，導致屈原被放逐。

屈原走到江邊，容顏憔悴，披頭散髮的在河邊緩步低吟。漁夫看見了就問他說：「閣下不是三閭大夫屈原嗎？（屈原在升任左徒前曾長期擔任三閭大夫）爲何淪落至此？」屈原說：「因爲堅持做一名忠臣而不願和小人同流合汙，所以被流放。」漁夫說：「爲什麼不放下對品德操守的堅持，和世人一樣隨波逐流呢？那樣您就不會被流放了。」屈原說：「我寧願投江自殺，以死明志，也不願同流合汙，讓高節的品德蒙受塵埃。」最終屈原抱著石頭，跳入汨羅江中自殺了。

人物

屈原，名平，又名正則，字靈均，戰國時楚人。生於西元前三四三年，卒年不詳。曾擔任楚國的左徒、三閭大夫等官職，楚懷王在位時，遭到小人陷害詆毀，被放逐於漢北，屈原作〈離騷〉以表明自己對君王國家的忠誠；楚頃襄王時被重新啓用，又遭到令尹子蘭與上官大夫的聯手陷害而被流放到江南，終因不忍見國家衰敗滅亡，抱石投汨羅江自盡，以死明志。他著有〈離騷〉、〈九章〉、〈天問〉等賦，爲後代的辭賦之始祖，是導致漢賦興盛的原因之一。

釋評

人的喜悅與悲傷的情緒反應，取決於他們的志向與心願能否得到滿足，才能能否得以發揮。人會有喜悅的情緒反應，是因爲他們的願望得以滿足，他們的才能得以發揮；反之，人有悲傷失意的情緒反應，是因爲他們的願望無法實現，正所謂「英雄無用武之地」，無法讓他們一展長才。

一名英明的領導者，應該要具備識別每個人才能的能力，如此才能使有才能的人能夠一展長才，發揮他的所長，而非是被埋沒，導致他們傷心失意，抑鬱而終。舉個例子來說：品行高潔，潔身自愛的人，如果看到別人行不端、坐不正，那就如同在他們眼裡放了一粒沙子般難受；反之，如果藉由他們的教導，能讓原本品行不端正的人走上正途，那他們就會感到很欣慰，喜悅之情油然而生。有氣節抱負的人渴望建功立業，如果仕途不得意，則會心生怨憤；反之，如果任用他們，給他們實踐抱負的機會，就會非常高興。

名人佳句

舉世混濁而我獨清，眾人皆醉而我獨醒。

這句話出自司馬遷《史記．屈原賈生列傳》，意思是說：「世人都是污濁的，只有我是乾淨的；世人都在醉夢中，唯獨我是清醒的。」屈原以這句話表明自己堅持氣節操守，而不願與小人佞臣同流合汙。在大家都看不清隱藏在局勢背後的真相時，只有他可以洞察真相；而他對品德的要求很崇高，寧願以死明志，也不願同流合汙。屈原之所以懷才不遇，悲憤而終，是因為君王只聽信小人的讒言，使他空有滿腔抱負也無法施展，導致投江自殺的慘劇。

原文

人情莫不欲處前，故惡人之自伐。自伐，皆欲勝之類也。是故，自伐其善則莫不惡也，是所謂自伐歷之則惡也。人情皆欲求勝，故悅人之謙；謙所以下之，下有推與之意。是故，人無賢愚，接之以謙，則無不色懌；是所謂以謙下之則悅也。人情皆欲掩其所短，見其所長。是故，人駮其所短，似若物冒之，是所謂駮其所伐則婟也。人情陵上者也，陵犯其所惡，雖見憎未害也；若以長駮短，是所謂以惡犯婟，則妒惡生矣。

譯文

想當人上人是人之常情，想要領先別人，所以討厭看到別人自我炫耀。自我炫耀就是想要勝過他人。所以，炫耀自己的優點，沒有不被他人討厭的，這就是所謂過份的自我炫耀而貶低他人，引起別人討厭的緣故。每個人都想要高人一等，所以喜歡看到別人謙虛退讓；謙虛，就是居於別人之下，在別人之下有推卻禮讓的意思。因此，人無論是聰明還是愚昧，看到別人謙虛禮讓，就會出現愉悅的神情；這就是所謂謙虛禮讓對待別人，會使對方心情愉悅的緣故。人之常情都想要掩蓋自己的缺點，而展現自己的優點。所以當別人批評、指責自己的缺失時，就好像被重物壓制般心情沉重，這就是所謂批評別人的缺點，會招致嫉妒怨恨的緣故。每個人都希望自己的身分地位凌駕在他人之上，想要凌駕在他人之上則會招來別人的討厭，雖然受到別人的厭憎，卻不會受到傷害。如果以自己的優點去指責別人的缺點，這就是所謂的批評導致嫉妒之心，那麼嫉妒怨恨的心便會生起。

事典

害怕失去權勢的李林甫

唐玄宗在位時，任用李林甫爲宰相。從唐代開國以來，邊疆的統帥都是由忠厚名臣擔任，建立功勳的人，就能入朝爲宰相。李林甫擔心別人的權勢地位會凌駕於自己之上，而且這些文臣看不起李林甫，私下指責他的缺失，這件事讓李林甫非常不滿。他擔心任用文臣擔任邊關統帥，一且他們入朝爲相，會剝奪他現有的權勢地位，於是他就想用胡人戍守邊關，以杜絕鎮守邊關的名臣入朝爲相之路。他覺得胡人不識字，也不會有太大的野心，又好掌控，就向玄宗上奏說：「朝廷一向任用文臣爲邊關守將，可是文臣上了戰場會膽怯害怕；不如任用胡人爲邊關守將，胡人在朝中沒有勢力，可以鞠躬盡瘁的爲朝廷效力，比文臣更合適。」玄宗聽了他的話，就任用安祿山爲邊關守將。

後來，安祿山的勢力逐漸壯大，直至安祿山起兵謀反，造成安史之亂，追根究柢起因都是從李林甫而來，如果不是他擔心自己的權勢地位不穩固，害怕被別人取而代之，也不會讓安史之亂產生。

人物

李林甫，小字哥奴，號月堂。生於唐代。生於西元五八九年，卒年不詳。擅長諂媚皇上，玩弄心計權術，性格狡詐聰慧。玄宗時擔任宰相，巴結宦官與后宮妃嬪，頗能迎合上意。在朝十九年，嫉妒賢臣，專政妄爲，遂釀成安史之亂。

釋評

這裡接續上文，指出人的情緒變化的原因：炫耀與退讓。

每個人都想要當贏家，所以當別人炫耀自己的優點時，自己心裡都會很不是滋味，因爲自己的光芒被別人掩蓋，不再是高人一等。沒有人喜歡被別人比下去，所以就會產生討厭對方的情緒；反之，如果有人自我貶損，說自己的壞話，把對自己有利的機會拱手讓給他人，那麼別人就會感到很高興，因爲會有種高人一等的感覺。

人之常情都是討厭被人批評、指責。如果只是單純的指出他人的缺點，頂多就是被別人討厭，而不會被別人傷害；但若是以自己的優點去指責對方的缺點，就會引起對方的嫉妒厭憎的心理，有可能會被對方陷害。

名人佳句

女無美惡，入宮見妒；士無賢不肖，入朝見嫉。

這句話出自西漢司馬遷《史記．太史公自序》，意思是說：「女子無論美醜，進入宮中就會遭人嫉妒；讀書人無論是否賢良，入朝做官就會被人嫉妒。」每個人都希望自己的權勢地位能凌駕於衆人之上，所以當有人會威脅到自己的權勢地位時，就會不由自主的去排擠他、嫉妒他，甚至想盡一切辦法除掉可能威脅到自身地位的人。只要是女人，就算是其貌不揚，入了宮中就有可能威脅到其他妃嬪的權勢地位，所以一樣會遭人嫉恨，長得美貌的就更不必說了。讀書人無論是忠臣或是奸臣；無論能力是出色或不出色，只要入朝為官，就有可能威脅到其他官員的權勢地位，無法避免的會遭人嫉妒、陷害。

原文

凡此六機，其歸皆欲處上。是以君子接物，犯而不校。不校則無不敬下，所以避其害也。小人則不然，既不見機，而欲人之順己，以佯愛敬爲見異，以偶邀會爲輕，苟犯其機，則深以爲怨。是故觀其情機，而賢鄙之志可得而知也。

譯文

以上所述這六種情形，其癥結在於每個人都希望自己能高人一等。而君子待人處事，即使別人冒犯了他也可以不予計較。不予計較，則沒有人不能尊敬，因而能免於被他人陷害。小人則是相反，無法準確的看清局勢，希望別人能夠順從他，把別人的假裝敬愛的表現以爲自己是特異突出的，別人如果偶爾才邀請他參加聚會，就覺得是輕視他。如果觸犯到他的禁忌，就會懷恨在心。因此，觀察一個人在與人相處時的情緒變化，就能看出他的心態是屬於君子還是小人。

事典

小人懷怨的盧杞

盧杞是唐朝人，他長得很醜，大家看到他就像看到鬼一樣。盧杞不以粗陋的衣服與粗鄙的食物為恥，別人都以為他節儉清廉，卻看不清他內心的眞實想法。他擅長辯論，出任虢州刺史，沒多久升任御史中丞。當時郭子儀染病，文武百官都來探視他，別的官員前來，他沒有屏退左右姬妾，只有盧杞前來，郭子儀將身邊隨侍的人與家眷都屏退。盧杞離開後，家人問郭子儀為何這麼做？郭子儀回答：「盧杞容貌醜陋，心地又狹窄險惡。其他人看見他的容貌一定會譏笑他，盧杞是個小人，若是被人譏笑一定會懷恨在心，因為沒有人願意被人瞧不起，特別是像他這樣心胸狹窄，又愛記仇的人，若他是個君子得罪了也就罷了，偏偏他是個不折不扣的小人。若是有朝一日他擁有權勢，那些曾經譏笑他的人一定會有危險，所以我為了保護家人，才將他們全都屏退。」

不久，盧杞升官任職宰相，他嫉妒那些才能在他之上的人，表面上對他們笑臉相迎，暗地裡卻栽贓陷害，如果有不依附順從他的人，一定將他置於死地。郭子儀能夠一眼看穿他的眞面目，眞是個能夠辨識人才的賢人。

人物

盧杞，字子良，滑州靈昌（今河南滑縣西南）人。生年不詳，卒於西元七八五年。唐德宗時的宰相、奸臣。歷任御史中丞、御史大夫、門下侍郎、同中書門下平章事等官職。一度身受德宗寵信，後被袁高彈劾，德宗將他貶爲澧州（今湖南澧縣）別駕，不久逝世。

釋評

人之所以有六種情緒變化，歸根究底在於人之常情是，每個人都希望自己是人中龍鳳，沒有人願意屈居於人下。每個人都希望別人能恭敬謙讓的對待，如果態度傲慢或者炫耀就會招來別人的厭惡。但是這些情緒雖然是人的自然反應，卻也根據每個人的修養不同，而有不同程度的表現。

如果是具備君子品德修養的人，即使別人冒犯了他，也不會跟別人計較，正因爲他的寬宏大量，無論對方有無得罪他，都能夠謙恭有禮的待人。這種人看似愚笨，實際上是大智若愚，因爲君子的謙遜退讓的處事待度，正好對自己是一種保護，因爲謙遜有禮，所以不會招致他人的怨恨，反而能趨吉避凶，避免自己受到別人的傷害與算計。

反觀小人，總是希望自己是獨一無二的，處處都能佔據上風，因而覺得別人對他畢恭畢敬是理所當然的。別人舉辦交際應酬，都應該邀請他，如果不邀請他，他就會覺得對方瞧不起他。如果言語或行爲舉止冒犯到小人，那麼就會被他懷恨在心，一找到機會就會陷害對方。雖然看似維護自己的尊嚴與利益，實際上是把自己往危險的地方推，因爲去陷害對方，最後必然會遭到對方的傷害，所以小人往往落得悲慘的下場。

君子與小人的情緒變化大相逕庭，只要觀察一個人的情緒變化，就能看出來他的人品是高尚還是低劣。

名人佳句

以小人之慮，度君子之心。

這句話出自劉宋臨川王劉義慶所編撰的《世說新語》，意思是說：「以小人的思慮，去揣測君子的心意。」小人都是斤斤計較；而君子則是度量恢弘，不予計較。若是以小人的想法行為去揣測君子，反而顯得小人氣量狹窄。舉個例子來說：如果跟小人借錢，他一定會連本帶利算個清楚，所以很自然也以為別人也是如此。若是遇到寬宏大量君子，不會為了一點小錢斤斤計較，但是小人並不知道，仍然將帳目算得清清楚楚，反而遭到君子的恥笑。

原文

何謂觀其所短，以知所長？夫偏材之人，皆有所短。故直之失也訐。剛之失也厲，和之失也懦，介之失也拘。

夫直者不訐，無以成其直。既悅其直，不可非其訐。訐也者，直之徵也。剛者不厲，無以濟其剛。既悅其剛，不可非其厲。厲也者，剛之徵也。和者不懦，無以保其和；既悅其和，不可非其懦。懦也者，和之徵也。介者不拘，無以守其介。既悅其介，不可非其拘。拘也者，介之徵也。然有短者，未必能長也。有長者必以短為徵。是故觀其徵之所短，而其材之所長可知也。

譯文

什麼是觀察一個人的缺點，以便了解他的優點？凡是偏才的人，都有他自身的缺點。所以，性格正直之人的缺點，在於喜歡揭發別人的錯誤。剛強之人的缺點，在於太過嚴厲不講情面。和順之人的缺點，在於懦弱。性格孤傲之人的缺點，在於太過固執。

正直的人如果不攻擊他人的缺失，並揭露他人的錯誤，就不是正直的人了。既然喜歡他的直言不諱，就不能責備他喜歡指責別人的過失。指責別人的過錯，是正直之人的特徵。剛強的人不夠嚴厲，就無法成就他的剛強。既然喜歡他的剛強，就不能責備他嚴厲。嚴厲是剛強之人的特徵。和順的人不懦弱，就無法和顏悅色對待別人。既然喜歡他的和順，就不能責備他懦弱膽怯。懦弱膽怯是和順的人的特徵。孤傲的人若不固執己見，就無法守住他的孤傲。既然喜歡他的孤傲，就不能責備他固執。固執己見是孤傲的人的特徵。然而有缺點的人，未必具備優點。能夠具備優點的人，必定以缺點爲特徵。所以只要觀察他性格特徵的缺點，就能夠知道他的氣質才能的優點所在。

事典

性格懦弱的李煜

李煜，原名從嘉，是南唐的最後一任君主。南唐是五代十國時代的其中一個國家。當時南唐國力很弱，不足以與國力強盛的宋太祖趙匡胤抗衡。李煜為人仁慈寬厚，侍親至孝，他的父親李景還在位時，因太子李冀死亡，李景想要立李煜為太子，封他為吳王，讓他住在東宮。大臣鍾謨勸諫說：「從嘉為人輕挑，而且醉心於讀書、吟詩填詞這些文人雅士擅長的事情，實在非是治國的良才；紀國公李從善為人果決勇敢，莊嚴穩重，應當立他為太子。」李景說：「從嘉雖然喜歡舞文弄墨，但他性格溫和柔順，能寬容待人，他若是即位，必能體恤百姓，做一個好皇帝。」鍾謨反駁說：「臣聽聞凡是性格溫和寬容的人，必然懦弱無能，這樣的人如何能承擔一國之君的大任？」李景聽了很生氣，降了鍾謨的官職，執意立李煜為太子。

李景逝世後，李煜即位，醉心詞曲音律，喜好佛教，在政務上沒有顯著的政績。開寶四年（西元九七一年），宋朝軍隊消滅南漢之後，李煜擔心趙匡胤下個討伐目標是南唐，為了表示他沒有與宋朝敵對之心，便對宋稱臣，自降身分為國主，諸王降封為公。同年，李煜派他的弟弟韓王李從善前往宋朝京師朝拜，被趙匡胤扣留，沒有遣送回來。李煜親手寫了一封奏疏，請求將李從善送回，沒有得到趙匡胤的允許。李煜鬱鬱寡歡，每日和大臣們飲宴，愁思悲歌不斷。開寶七年，趙匡胤派遣使臣詔李煜前往宋朝，李煜稱病不去，趙匡胤便攻打南唐。李煜派遣徐鉉到京師請求緩兵，徐鉉博學多聞，善於辯論，拜見趙匡胤，對他說：「李煜無罪，陛下師出無名。李煜以小國侍奉大國，就如同身爲兒子侍奉父親一樣，從來沒有過錯，陛下爲何出兵討伐？」趙匡胤說：「既然你說朕與李煜是父子，那你可曾見過有哪對父子成了兩家人？」徐鉉說：「即便是兩家人，可是李煜對陛下沒有二心，從未想過要與陛下爭奪天下。況且李煜性格懦弱，喜歡誦經禮佛，舞文弄墨，對國事沒有絲毫興趣，即便是這樣，陛下也不肯放過嗎？」趙匡胤說：「天下本該一家，朕的臥榻之處，豈容他人酣睡。」徐鉉無言以對，只好退下。

不久，南唐首都金陵被趙匡胤攻下，李煜戰敗被俘虜，押解送入京師，趙匡胤免他死罪，封爲違命侯。

人物

李煜，又稱李後主，是南唐的最後一位君主。生於西元九三七年，卒於西元九七八年。李煜原名從嘉，字重光，祖籍徐州。李煜在南唐滅亡後被北宋俘虜，相傳在四十二歲生日宴會上被毒殺，葬於洛陽北邙山。他的文學造詣很高，成爲後代千古傳誦的詞人，被譽爲「詞聖」、「千古詞帝」等。

釋評

偏才之人之所以是偏才，在於他們只能顯現出性情才能某方面特別突出的優點，而無可避免的因爲他們自身優點，而造成了其性格上的缺失。例如：和順溫柔的人雖然擅長與人相處，給人一種和藹可親的感覺，然而也因爲這種人性情和順，所以造成他們性格上儒弱、膽怯的缺點，這是無可避免，也不能要求他們去改正，因爲這是他們與生俱來的性情才能，是無法改變的。所以，如果讚賞他柔順和善的性格，就必須同時接受他儒弱、膽怯的缺點。因此，劉邵認爲，只要觀察一個人性格特徵的缺點，就能了解他的優點，優點與缺點有如一體的兩面，缺一不可。

名人佳句

和順，齊家之本。

這句話出自清代金蘭生編述的《格言聯璧》，意思是說：「和順是促使家庭和睦的根本。」和順的人，擅長與人交際，會給別人一種和藹可親的感覺。和順這種特質如果用在治理家務上，使家庭中的成員彼此之間也都能和睦相處，那麼一個家就能夠安定興旺。

原文

何謂觀其聰明，以知所達？夫仁者，德之基也。義者，德之節也，禮者，德之文也。信者，德之固也。智者，德之帥也。夫智出於明。明之於人，猶晝之待白日，夜之待燭火。其明益盛者，所見及遠。及遠之明難。是故守業勤學，未必及材。材藝精巧，未必及理。理意辨給，未必及智。智能經事，未必及道。道思玄遠，然後乃周。是謂學不及材，材不及理，理不及智，智不及道。道也者，回復變通。

譯文

什麼是觀察一個人的聰明才智，以便了解他能否洞察事物的眞相？仁心，是德的基礎。義，是德的規範。禮，是德外在的表現。信，是德的核心。智，是德的統帥。有智慧的人，才能對事物有透徹的了解。能夠洞悉事物本質的人，如同白天的太陽，黑夜裡的燭火。他的光亮越強大，所能洞澈的眞相就越深奧。能夠洞察深奧的道理是很困難的。所以，守住家業，勤奮苦讀，未必能夠成才。精通才藝技術的人，未必能掌握事物的本質。才思敏捷，能言善辯的人，未必眞正有智慧。智慧可以管理事務、治理國家，卻未必能體現大道。大道玄妙難測，只有像道那樣玄妙難測的存在才能無所不包。所以，勤奮好學比不上有才能技藝的人，有一技傍身的人比不上能掌握事物本質的人，能掌握事物本質比不上有智慧的人，有智慧比不上能體現道的人。道這種東西，循環往復，變化無窮。

事典

智慧超群的劉基

明太祖朱元璋起兵推翻元朝時，當他攻下浙江一帶的金華、括蒼之後，有人向他推薦賢才：「主上如今雖然勢如破竹，成功攻佔應天府，能與元軍相抗衡，但歷代成就大業的君主，身邊都有謀臣輔佐。漢高祖劉邦就是仰賴張良等謀臣的輔佐，才能戰勝項羽，平定諸侯，可見謀臣是不可或缺的。」朱元璋問：「你有什麼好的建議嗎？」那個人說：「當今之世就有一位才能可與張良相媲美的賢才，叫做劉基，博通經史、精通星象讖緯、智慧超群，定然可以輔佐主上建立功業，等到新朝建立了之後，還能輔佐您治理國家，使百姓安居樂業。」朱元璋說：「既然如此，那我就派人前往邀請他。」朱元璋的使者帶著禮物去聘請劉基，劉基起初沒有答應，後來又寫信邀請他，他才答應前往幫助朱元璋。劉基到達之後，向朱元璋獻上關於時務的十八條計策，朱元璋很高興，興建禮賢館給他居住，對他十分禮遇。

有一次，朱元璋向劉基詢問征戰討伐元軍的計策，劉基說：「張士誠只是一名武夫，只懂得保全自身，不足爲慮。陳友諒挾持君主，要挾臣下聽從他的號令，名不正言不順。他佔據上游，沒有一天不想著如何攻打我軍，這個人必須要先消滅。陳友諒若敗亡，張士誠孤掌難鳴，不足爲懼，一舉可以平定。然後率軍朝中原進攻，大業指日可待。」朱元璋很高興的說：「先生有妙計，切勿吝惜，請全部說出來。」恰好此時陳友諒攻陷太平，圖謀東下，氣勢很囂張，朱元璋麾下將領有的建議投降，有的建議逃往鍾山據守不出，只有劉基瞪著眼睛默不作聲。朱元璋召見他，劉基才激奮的說：「那些主張投降以及逃走的，應該全部斬首。這些人沒有遠見，見識又不夠，看不清楚事情的眞相，區區一個陳友諒就把他們嚇得魂不附體，只會說一些喪氣的話動搖軍心。」朱元璋問：「先生有何妙計？」劉基說：「敵軍現在很驕縱，等到他們進入我們的領地內，再派伏兵截擊他們就行了，天道後起者獲勝，取得威信制服敵軍以成就王業，在此一舉。」朱元璋採用劉基的計策，引誘陳友諒的軍隊前來，再一舉將他們打得潰不成軍，按照戰勝敵人的功勞犒賞劉基，劉基拒不接受。

後來，朱元璋採用劉基的計策，終於擊敗陳友諒，攻取張士誠，北伐中原，終於成就帝業，建立明朝，就如同當初劉基所謀劃的那樣。

人物

劉基，字伯溫，浙江省文成縣人。生於西元一三一一年，卒於西元一三七五年。元末明初軍事家、政治家及詩人，博通經史、通曉星象占卜、精通兵法。他輔佐明太祖朱元璋登基爲帝，爲開創明朝的功臣，之後繼續輔佐明太祖，治國安邦。因此名揚天下，被人比喻爲張良、諸葛亮。累官至資善大夫、上護軍，封誠意伯。正德時追贈太師，謚文成。和宋濂、方孝儒等人合稱爲「明初散文三大家」，亦和宋濂、高啓合稱「明初詩文三大家」，在文學方面造詣頗高。

釋評

這段文字，旨在闡述智慧對於一個人的才能有著決定性的影響，一個人是否能夠有所成就，關鍵的影響因素就是這個人是否具備智慧。

智，屬於仁、義、禮、智、信，五常其中之一。仁心，是所有德行的基礎，儒家認爲每個人都有仁心，而我們之所以能夠無條件的幫助別人，作一些善舉，也是因爲仁心發動的緣故。例如：搭公車時，看到有老弱婦孺需要坐位，因爲不忍他們承受苦難，所以很自然地會起來讓座，這是出自於我們仁心善性的要求。義，是德行的規範，明白指出哪些行爲應該做，哪些行爲不應該做。禮，見到長輩要行禮，這個禮不僅僅是行爲的規範，也是德的表現形式。換句話說，我們心裡先有對長輩的恭敬之心，所以在見到長輩時，很自然地會像他們行禮問好，並不是別人要求我們必須要這麼做。信，以誠信待人，是德的核心。智，是德的統帥，運用智慧以駕馭眾德。德，是仁、義、禮、智、信的統稱，分屬在德之下，雖然有不同的名稱，都代表德的眞實內容。

「道」是最高深玄妙，沒有辦法以語言來準確的表達，因爲它很玄妙莫測，所以人是很能達到「道」的境界。智慧僅次於「道」，且智慧是人物的才能之一，可以體現在人身上的特質。擁有智慧的人，能夠勝過能言善辯、掌握事物的本質、精通才藝技術與勤奮苦讀的人，就如同白天的太陽與黑夜的燭火一般耀眼，可以洞察到一般人看不到的細微之處，這種人容易獲得成功，在事業上取得成就。

名人佳句

惟智者為能以小事大。

這句話是戰國時代孟子所說的，摘錄自《孟子．梁惠王下》。意思是說：「只有智者才能以小國侍奉大國。」小國隨時都有被大國吞併的危險，只有具備智慧遠見的人，才能夠判斷眼前的局勢，制定出完善的計畫，周旋於大國之間而不至於被吞併滅亡。

原文

是故別而論之，各自獨行，則仁爲勝。合而俱用，則明爲將。故以明將仁，則無不懷。以明將義，則無不勝。以明將理，則無不通。

然則苟無聰明，無以能遂。故好聲而實不克則恢，好辯而理不至則煩，好法而思不深則刻，好術而計不足則僞。是故鈞材而好學，明者爲師。比力而爭，智者爲雄。等德而齊，達者稱聖。聖之爲稱，明智之極明也。是以觀其聰明，而所達之材可知也。

譯文

因此，如果分開討論，在人的各種品德、才能各自發揮所長時，其中以仁心最爲突出。當各種品德、才能結合在一起時，聰明就是統帥，統領各種不同的品德與才能。所以，以聰明統帥仁心，則天下沒有人能不臣服於他的。以聰明統帥義，則戰無不勝。以聰明統帥事理，則沒有解決不了的事情。

然而如果沒有聰明睿智，就無法達成心中的願望。因此即便想要聲名遠播，但實力與名聲無法相符，就會顯得華而不實；喜歡辯論卻無法提出充足的理據證明自己的論點，會使言論流於繁瑣；講究法律制度卻不深思熟慮，則會流於刻薄寡恩；喜歡使用權術而計謀不足，則會顯得狡詐虛僞。所以，同等資質的人又勤奮好學，聰明的人可以當別人學習效仿的對象。能力相當的人公平競爭，有智慧的人可以稱雄。德行比肩的人，通達的人能夠成爲聖人。可以獲得聖人的稱號，表示他是聰明睿智的人當中最頂尖的。所以，觀察一個人的聰明才智，就能了解他的資質能夠達到的成就。

事典

足智多謀的李善長

明太祖朱元璋建立明朝，其中一個開國功臣，就是有著「蕭何」美譽的李善長。李善長此人從小勤奮好學，足智多謀，學習法家的治國學說，很多事情在還沒發生的時候，他都能預測得很準確。朱元璋還沒建立明朝時，他率領軍隊攻佔滁陽（今安徽滁州），李善長前往拜謁迎接。朱元璋聽說他是鄉里中德高望重的長者，對他頗爲禮遇，並且留他在軍中擔任書記官。一天，朱元璋從容的問他說：「現如今四方征戰不休，天下何時能平定呢？」李善長回答說：「秦朝末年叛亂四起，漢高祖只是一介平民百姓，但他氣量宏大，知人善任，不喜歡殺人，五年成就帝業。如今元朝朝政敗壞，主上爲了天下百姓的福祉，冒死與元軍對抗，若能效法漢高祖廣納賢才，成就帝業指日可待。」

朱元璋問：「依你所見，我軍現在最缺乏的是何種人才？」李善長說：「賢臣良將固然重要，但主上若能網羅具有智慧的人才，則能夠事半功倍。有智慧的人，他的仁德足可服眾；他的辯才能夠說服別人；他能洞悉事情的始末，解決難題；他可以制定法律，不會死守法令而不知變通；能夠恰當的運用權謀治術而不會狡詐虛僞。」朱元璋問：「放眼當今天下，到哪裡去找這樣的人呢？」李善長說：「臣雖不才，願毛遂自薦，臣自幼學習法家治國之術，定能相助主上成就帝業。除了臣，還有劉基也是少見的智者，他博覽群書，又善長星象讖緯，主上若想成就帝業，非臣與劉基不可。」朱元璋覺得李善長說得很好，就採納他的建議。

李善長跟隨朱元璋打下滁州，擔任參謀，參與機密事務的謀劃，主管軍隊的糧草供應，很受朱元璋的賞識。朱元璋威名日盛，前來投靠他的人才也越來越多，李善長替朱元璋識別人才，好的人才就舉薦給朱元璋，同時也將這些人才的意見轉告給朱元璋知曉，讓君臣上下都能和睦相處。如果有人因爲一些事情起了衝突，李善長就在中間擔任調解辯護的角色，以維持軍中的和諧。

朱元璋當時仍是郭子興的將領，郭子興聽到一些流言蜚語，懷疑朱元璋有二心，就削減他的兵權。有人對郭子興說：「朱元璋威名日盛，是因爲他的麾下有李善長，此人足智多謀，觀察入微，可以識別人才，所以朱元璋麾下才有這麼多的賢臣良將。而且他能言善辯，擅長觀察事物的細微之處，當朱元璋輝下將士有了爭執的時候，他可以很快速的分析事情的始末，做出準確的判斷，有罪的必定處罰，無罪的就替他回護辯解，如果您能將李善長這個人收爲己用，一定能有效打擊朱元璋。」郭子興就派人去遊說李善長，卻被拒絕了。從此之後，朱元璋更加倚重李善長。

等到朱元璋稱帝，建立明朝後，李善成爲開國功臣。洪武三年（西元一三七〇年），朱元璋大封功臣，他說：「李善長雖然沒有軍功，可是他侍奉朕時間很長，供給軍糧，功勞很大，應當進封大國公。」就任命他爲中書省左丞相，受封韓國公。

人物

李善長，字百室。生於西元一三一四年，卒於西元一三九〇年。濠州定遠（今屬安徽）人。輔佐朱元璋創建明朝，是開國功臣之一。李善長在朱元璋攻佔滁州時，就投入他的麾下，跟隨他四處征戰，負責糧草供給。曾執掌書記、任職帥府都事、江南行中書省平章、參知政事、吳國左相國等官職，被比擬爲漢朝的丞相蕭何。朱元璋稱帝，建立明朝後，命他擔任中書省左丞相，受封韓國公。洪武二十三年，因胡惟庸企圖謀反，李善長被人誣陷與他合謀，而被朱元璋賜死。

釋評

此處討論的是觀察人才的方法。

以一般人的資質秉性，智慧是所有才能中最高階的，它可以統帥、駕馭仁義，精通辯論，熟悉法律的人，如果沒有智慧，他們眞正的專長就無法發揮出來。例如：精通辯論的人，目的在於說服對方，但若他沒有智慧可以洞察對方言論理據的漏洞，那他的言論將流於繁瑣，不僅無法說服對方，連自己的理據也站不住腳。熟悉法律的人，如果無法洞察事情的眞相，一昧的只知恪守法律條文，依法辦事而不知靈活變通，那麼這個人就會變得刻薄寡恩。

綜上所述，一個人的智慧多寡，決定了他對外在事物認識的深淺，也決定了他的才能可以發揮到何種程度。因此劉邵認爲只要了解一個人的聰明才智，就可以知道他能否具有洞察事物本質的能力。一個可以洞徹事務本質的人，在事情尚未萌芽之前，他就已經對未來局勢做了周詳的計畫；而一個無法洞徹事務本質的人，一直等到事情發生，他才根據當前局勢制定計畫，而往往都來不及扭轉局勢。只能亡羊補牢。所以，一個人的智慧多寡，對於事態發展有著決定性的影響。

名人佳句

好學者智也，受規諫者仁也。

這句話是出自漢代劉向編纂的《說苑．佚文篇》。意思是說：「勤奮好學的人，聰明睿智；

能夠接受規勸的人，是仁善有德之輩。」勤奮好學的人，博覽群書，自然能夠增長智慧；能夠接受他人規勸並且改正過失的人，是謙虛懷德的仁人君子。

七繆卷

七繆：一曰察譽有偏頗之繆，二曰接物有愛惡之惑，三曰度心有大小之誤，四曰品質有早晚之疑，五曰變類有同體之嫌，六曰論材有申壓之詭，七曰觀奇有二尤之失。

原文

七繆：一曰察譽有偏頗之繆，二曰接物有愛惡之惑，三曰度心有大小之誤，四曰品質有早晚之疑，五曰變類有同體之嫌，六曰論材有申壓之詭，七曰觀奇有二尤之失。

譯文

識別人才容易犯的七種錯誤：一是在考察名譽有不公正的錯誤；二是在與人交往時會被自己的喜愛與厭惡給蒙蔽；三是在揣測他人的心志與情感時，容易被表面現象給蒙蔽，而看不清對方心志是恢宏遠大或者心胸狹窄，所造成錯誤的判斷；四是在品鑑他人的氣質才能時，會有辨別不清早智與晚成差異的疑惑；五是在辨別人才類型時容易傾向與自己相同類型的人，而排斥與自己不同類型的人，而影響到自己的判斷能力；六是在品鑑人的才能時，會忽略被別人賞識提攜或排擠打壓的因素，這種違背常理判斷的情況；七是在觀察奇特的人才時，會因爲受到「尤妙」與「尤虛」這兩種人才的蒙蔽而造成判斷錯誤。

事典

錯看杜甫的嚴武

唐玄宗時，「詩聖」杜甫參與進士科舉落榜，將自己寫的《三大禮賦》進獻給皇帝，受到玄宗的賞識，認爲他是曠世奇才，召他前來考試他的文章，並授予京兆府兵曹參軍一職。

後來安祿山叛亂，攻陷京師，此時肅宗在靈武徵召兵馬。杜甫趁黑夜從京城逃到河西，在彭原郡拜見肅宗，被封爲右拾遺。房琯還沒出仕之前就與杜甫交好，此時房琯擔任宰相，向肅宗請求親自率領軍隊討伐叛賊，受到肅宗的准許。房琯出師不利，所率領的軍隊在陳濤斜之戰中被打敗，之後又因爲門客董廷蘭受賄被檢舉，因此被免去宰相。杜甫上書替房琯求情，說：「房琯雖然戰敗，但他頗有才幹，當前朝廷正値用人之際，不應該罷免有用的人才，請求陛下收回成命。」肅宗聞言大怒，將房琯貶爲刺史，杜甫也外放到華州任職司功參軍。當時京城動亂流離，糧食短缺，價格被哄抬得很高，杜甫寄住在成州同谷縣，生活刻苦，每天背著柴火到郊外採集野菜充饑，家中好幾個兒女都餓死了。過了許久，杜甫才被召回補任京兆府功曹。

上元二年（西元六七五年）冬天，黃門侍郎、鄭國公嚴武鎮守成都，他與杜甫是世交，嚴武奏請皇上讓杜甫擔任節度參謀、檢校尚書工部員外郎，皇上恩准了，並賜給他緋衣與魚符袋，以示恩寵。嚴武與杜甫私交甚篤，待他非常禮遇。

但杜甫性情氣量狹小，性格急躁，依仗著皇上的恩寵放縱不羈。有一次，杜甫喝醉酒，跑到嚴武的坐榻上，瞪著眼睛對他說：「你的父親居然生出你這樣的兒子！」嚴武脾氣急躁暴烈，也罵回去說：「我自認為沒有虧待過你，原以為你在文學上造詣很高，是個有才幹的人，所以才向皇上舉薦你。沒想到你得了皇上的恩寵，就傲慢驕縱，難道你的志向與抱負就僅僅這樣而已嗎？當今亂世，不是應當輔佐皇上，匡扶朝政，而非僅僅得到皇上的恩寵就志得意滿，開始驕縱蠻橫起來，我對你實在是太失望了。」杜甫知道嚴武惱怒，就向他道歉，嚴武沒有再計較他的傲慢無禮，兩人感情依舊很好。

後來，嚴武死後，杜甫失了依靠，接連投奔了幾個人，也都仕途不順。永泰二年（西元七六六年），杜甫死在耒陽，享年五十九歲。

人物

杜甫，字子美，號少陵，在文學上造詣很高，對後世詩歌影響深遠，有「詩聖」的美譽。生於西元七一二年，卒於西元七七〇年。唐玄宗時代的詩人，祖籍湖北襄陽，出生於河南鞏縣。曾擔任左拾遺、工部員外郎等官職，所以也稱他為「杜工部」。杜甫仕途不順，後來適逢安史之亂，過著窮困潦倒，顚沛流離的生活。他的詩歌反映當時社會現實，故有「詩史」之名。與李白並稱李杜。著有《杜工部集》。

釋評

品鑑與識別人才時，容易因爲自身的心理狀態等因素，而造成判斷上的錯誤，劉邵將之區分爲七種情況：

第一，在識別人才時，我們往往會因爲聽到一些關於對方的傳聞，而對那個人有先入爲主的觀念，之後就算去認識那個人，也無法公正的對他的才能性情有準確的判斷。

第二，我們在認識一個對象時，難以避免的會摻雜個人主觀的喜愛與厭惡的情緒，這種也會造成我們對人才品鑑的錯誤判斷。

第三，鑑別一個人的氣質才能時，要看清他的本質，否則看到一個人表現出志向遠大的樣子，就以爲他氣度恢弘；看到他態度恭敬謙虛，就以爲他心胸狹窄缺乏抱負，這樣一來就無法準確的識別人才。

第四，人才的培育養成是有一個過程，小時候與成人表現出來的樣子有可能不一致，如果沒有分辨清楚的話，會造成對人才判斷上的錯誤。有些人年幼看起來很聰明，長大卻沒什麼成就，這就是《世說新語》中引陳韙對孔融的評價：「小時了了，大未必佳。」所要表達的意思。有些人小時候看起來愚笨，實則上是大器晚成，年長之後反而有傑出優異的表現。

第五，在識別人才時，一般說來，我們容易傾向幫助那些與我們相同類型的人，而排斥不同類型的人；但有些時候正因爲同一類型，所以容易彼此競爭而造成相互排擠的狀況。

第六，有些人才沒有得到賞識，不代表他沒有才能，有可能是受到權貴打壓，而懷才不遇；有些人功成名就，是因爲他受到上司的提攜與幫助，而容易獲得成功。因此，並不能因爲一個人窮途潦倒，就判斷他是平庸之輩；也不能因爲一個人功成名就，就認爲他有獨特的才能，這也是在識別人物時容易犯的錯誤。

第七，「尤妙」的人，是擁有特殊的才能，但不表現出來，含藏於胸。「尤虛」的人，是外在表現虛僞做作，讓人乍看之下以爲他很有才學，實際上胸無點墨。我們在識別人才的時候，如果看不清一個人的本質，很容易就被他的外表給蒙蔽，而判斷錯誤，錯失人才。

以上列舉的七繆，是我們在識別人才時所容易犯的錯誤，因爲我們對人才的認識受到蒙蔽，或者是被主觀上喜愛與厭惡的情感所蒙蔽；或者只看到人的表面現象而忽略本質，例如：看到一個人謹愼小心，就斷定他沒有抱負野心而輕視他；看到一個人年幼的時候資質駑鈍，就斷定他長大也不會有所作爲。七繆中所舉出的第三到第七個繆誤，都是這種情況。所以，我們如果想要避免在辨識人才時犯這七種錯誤，首先要學會不被人的外在表現所迷惑，而要洞察人的本質，如此才能眞正了解一個人的才能稟性，而不會用錯人才，造成無可挽回的錯誤。

名人佳句

志驕則好生事，器小則無遠圖。

這句話出自清代張廷玉等編纂的《明史．太祖三》，意思是說：「志得意滿，驕傲自大的人容易惹事生非，器量狹小的人沒有深謀遠慮。」一個人驕縱志滿的時候，就會目中無人，認為每個人都應該看他的臉色行事，所以就容易形差踏錯，惹事生非。器量狹小的人，只看到眼前的利益，而忽略了長遠的發展，這種人往往短視近利，不能和他商量大計。

原文

夫采訪之要，不在多少。然徵質不明者，信耳而不敢信目。故：人以爲是，則心隨而明之；人以爲非，則意轉而化之。雖無所嫌，意若不疑。且人察物，亦自有誤，愛憎兼之，其情萬原；不暢其本，胡可必信。是故，知人者，以目正耳；不知人者，以耳敗目。

譯文

尋訪人才的要旨，不在於別人的稱讚與誹謗的多寡。在不了解人的行爲與本質的關係之前，只相信耳朵聽到的傳聞，而不敢相信眼睛看到的事實。所以，別人以爲是正確的，我們就認爲是正確的；別人認爲是錯誤的，我們的觀念也隨之轉變。雖然與對方沒有嫌隙，卻從不懷疑自己的看法。況且，人們在觀察事物的時候，也會有理解錯誤的時候，我們會受到自身的喜愛與厭惡而左右，而喜愛與厭憎這些情感的產生的原因可能有很多；不對一個人的本質有清楚的把握與認識，怎麼能輕易相信外在的傳聞。因此，真正懂得識別人才的人，要以眼睛所看到的事實去驗證耳朵所聽到的傳聞；不懂得識別人才的人，只相信耳朵所聽到的傳聞而遮住了眼睛所看到的事實。

事典

袁崇煥因被誤解而判處死刑

袁崇煥是明朝人，他在神宗朱翊鈞在位時考中進士，被朝廷任命為邵武知縣。他這個人剛正不阿又有膽略，喜歡談論兵法軍務。凡是遇到退役軍官，就與他們談論邊關的軍情，了解要塞的情況，認為自己有處理邊防要塞事務的才能。

後來，明熹宗朱由校即位，天啓二年（西元一六二二年）時，袁崇煥受到御史侯恂的舉薦，朝廷破格重用他為兵部職方主事。不久，廣寧的軍隊戰敗，朝廷決定扼守山海關，袁崇煥就一個人騎著馬出去巡視山海關內外。兵部只知道袁主事不見蹤影，去他家打聽，家人也不知他的去向。沒多久，袁崇煥回來了，將他視察的結果上報朝廷，說：「請皇上賜我軍馬糧草，我一個人就能守住山海關。」朝廷官員更加稱讚他的才能，朝廷越級提升他為僉事，負責監督關內外的軍隊，撥給他二十萬錢，讓他招募士兵，協助經略王在晉防守山海關。當時山海關外全部被哈剌慎諸部落所佔據，袁崇煥就駐守關內。不久，哈剌慎諸部落接受招撫，袁崇煥憑藉著他的膽識謀略與軍事奇才，受到朝廷的重用，因他屢次立下軍功，朝廷升任他為兵部右侍郎，相當現今的國防部長，成為鎮守邊關抵禦外族的一員大將。後來魏忠賢把持朝政，袁崇煥與魏忠賢黨羽不和，就向朝廷請求告老還鄉，受到准許。

明熹宗駕崩後，崇禎皇帝即位，魏忠賢被處死，朝廷大臣紛紛奏請皇上召回袁崇煥，崇禎應允朝臣們的請求，並且任命他為兵部尚書（統管全國的軍事長官）兼右副都御史，督率薊（今河北省薊縣）、遼（今遼寧省）的部隊，兼督察登、萊、天津（今天津市）地方的軍務。袁崇煥前往京城受到崇禎的召見，皇帝親自慰問，並且詢問他鎮守邊疆的計畫。袁崇煥回答說：「臣的計畫已經寫在奏疏中。臣受到陛下的特別眷顧，願根據實際的情況隨機應變，大約五年，全部遼地可以收復。」

崇禎皇帝說：「若遼地可以收復，朕將賞賜卿封侯拜將。卿致力於解救天下百姓於水火之中，使百姓不再遭受兵災之苦，卿的子孫也將受到福蔭。」袁崇煥叩頭拜謝。崇禎皇帝也退下稍作休息，給事中許譽卿就悄悄的將袁崇煥拉到一旁，問他說：「袁大人您所說的五年內就可以收復遼地的計畫，到底是怎麼樣的呢？」袁崇煥笑著說：「那不過是安慰皇上的話罷了，皇上急著想收復遼地，我為了讓他安心所以才這麼說。」許譽卿就責備他說：「你在陛下面前怎麼可以胡言亂語？你既然誇下海口說五年內要收復遼地，那就必須要做到，否則皇上若是期限到了要驗收成果，你卻無法兌現承諾，這豈不是欺君之罪？」

袁崇煥聽了之後十分懊惱，等到崇禎休息完畢後出來，他就上奏說：「遼東的情勢複雜，想要收復談何容易。陛下既然將此重任委託於臣，臣豈敢推辭。但五年內，戶部撥給軍餉必須準時，工部製造的軍備武器也要準時送達，吏部在人才安排上也要得宜，兵部調兵遣將要配合得好，這些部門都必須配合得當，臣才能夠事半功倍。」崇禎皇帝就命四部大臣，全力配合袁崇煥，照他的吩咐去做。

袁崇煥又說：「以臣的能力，控制整個遼東綽綽有餘，但無法讓所有人都心服口服。一離開京城，就與皇上相隔萬里。皇上想要得知臣的消息，只能透過書信或其他大臣的奏疏。陛下遠在千山萬里，無法眼見爲憑，只能耳聽爲實，但若是有大臣忌妒臣的功勞，想要陷臣於不義，在陛下面前詆毀臣，陛下若是聽信小人的讒言，對臣產生懷疑，使臣行事處處受到約束，破壞臣的計謀，那麼五年平定遼東的計畫也無法實現。」崇禎皇帝對他說：「卿不用擔心此事，儘管放開手腳去做，朕自有主張。」崇禎皇帝將尚方寶劍賜予袁崇煥，授予他因事制宜的權力。

後來，清軍大舉入關，袁崇煥立刻率兩位將領前往防衛，在沿途各城都留下兵力防守。崇禎皇帝聽說袁崇煥率兵來援，十分高興，頒詔嘉獎勉勵，並且調撥官銀慰勞眾將士，授予他統帥各路援軍的職權。不久，幾位將領接連戰死，遵化等地被攻破，清兵越過薊州往西。袁崇煥懼怕清兵會直接攻入京城，連忙領兵入京城守衛，在廣渠門外紮營。崇禎皇帝立刻召見，親自慰勞，詢問他防守的策略，賜他皇上專用的宴席與貂裘。袁崇煥因爲軍士都很疲勞，需要補充糧草，請求入城中休息，沒有得到准許。袁崇煥隨即出兵與清軍奮戰，雙方互有死傷。

當時清軍所進入的關口是薊遼總理劉策所管轄，袁崇煥一聽京城可能有變故，就馬上率兵來救，他自認爲沒有過失。然而京師的人突然遭逢變故，埋怨誹謗袁崇煥的聲浪四起，認爲他有心縱容敵人擁兵自重。朝中的文官，因爲先前袁崇煥提出過向清兵議和的提議，認爲這次事件是他故意放縱清兵入關，來脅迫皇帝答應議和，將在敵軍兵臨城下時簽訂盟約。崇禎皇帝雖然先前對袁崇煥信任有加，但聽到這許多誹謗埋怨袁崇煥的話，他的信心逐漸動搖，開始懷疑袁崇煥是別有用心。這個時候清軍使用反間計，說與袁崇煥私底下訂有條約，故意將這個消息透露給某個宦官知道，偷偷放他回去。那個宦官逃走後，就去稟告崇禎皇帝，皇帝對這件事深信不疑，認爲袁崇煥的確與清軍勾結。皇帝將袁崇煥召回，在金鑾殿上當面與他對質，袁崇煥無法爲自己辯解，皇帝就下旨當場將他綑綁關入大牢。

經過半年的審訊，袁崇煥仍以通敵叛國、私自議和等罪名被處死。袁崇煥臨死前，感嘆的說：「以前皇上重用我時，無論我說什麼他都深信不疑，甚至賜我尚方寶劍，授予我隨機應變的權力；後來皇上誤信小人之言，相信我勾結清軍，叛國通敵，私底下與清軍達成協議，逼迫朝廷議和，這時皇上對我誤解已經根深蒂固，無論我說什麼皇上都不再相信。如今我就要被處死刑，心中感概萬千，可憐我大明朝以後再無良將可以鎮守山海關，清軍入主中原之日已經不遠了。」袁崇煥死後，邊關無人能主持軍務，明朝滅亡的徵兆已然顯現。

人物

袁崇煥，字元素，明東莞人。生年不詳，卒於西元一六三〇年。有膽識謀略，喜歡談論邊關軍情與行軍打仗之事。萬曆年間進士，天啓年間以抵禦清兵功勞卓著，累官至僉都御史，遼東巡撫。崇禎時爲兵部尚書兼右副都御史，督師薊遼。一次，皇太極率領清兵入關，袁崇煥聽到消息就率軍入援京師，卻遭到小人讒言與清軍的反間計，而被凌遲處死。

釋評

當我們在識別人才時，容易犯的錯誤就是先入爲主，先入爲主有兩種情況：第一，透過別人的轉述來了解對方。當別人對一個人讚譽有加時，我們很自然地會跟隨他人的判斷而對這個人有好感；當別人批評一個人的時候，我們很自然地會跟隨他人的判斷而對這個人產生厭惡之情。第二，對一個人產生主觀的喜愛或厭憎，會影響我們對一個人客觀的認識。

當我們在認識一個人的時候，其實就是對這個人進行一種理解與認識，這種理解與認識會根據每個人的生活環境、文化背景、教育程度等而有所不同，所以在我們看到一個人的第一印象時，就會根據以上的條件而產生喜愛或厭憎，這種情緒是主觀的，沒有任何客觀實質上的依據。但是這種喜愛或厭憎的情緒，會妨礙我們對一個人的客觀認識與理解。換句話說，當我們喜歡一個人的時候，我們就會對他產生好印象，即便他做了錯事，或者有出格的行爲，我們也會爲他找藉口，認爲他是情有可原。相反的，當我們討厭一個人的時候，即便他沒有做錯任何事，我們也會覺得他的行為是有目的，動機不純良。

以上兩點，會影響我們在辨識人才時的判斷，進而做出錯誤的決定，而錯失人才，或者把蠢才當成天才；把天才當蠢才。想要準確的了解一個人，避免上述的錯誤，要從這個人的行為與本質來考察，不要一味地相信別人的讚譽或詆毀，而要自己親眼去觀察驗證；而且要把自己喜愛與厭憎等情緒放下，不要讓主觀情緒影響我們對一個人客觀的理解與認識，這樣才能準確了解一個人，避免誤解的情況發生。

名人佳句

夫耳聞之不如目見之，目見之不如足踐之。

這句話是出自漢代劉向編纂的《說苑．政理篇》。意思是說：「耳朵聽到的消息不見得可靠，不如親眼見到的來得真實；眼睛看到的還不如親身去實踐它。」我們常常在認識一個人的時候，會先去打聽他的消息，而這些消息來源有可能是來自那些厭惡他或者嫉妒他的人，所以通過別人轉述的事情不見得是真實的。要想查證這些消息的真實性，最可靠的還是親自去用眼睛看，然而即便是親眼看到的都不一定是真的，只有查驗實際的政績才是最為可靠。如果一個人很會做表面功夫，那麼傳聞與眼見都不足以採信，唯有驗證他實際的辦事能力，才能分辨出他是否為賢才，否則仍然有可能被眼睛與耳朵給蒙蔽。

原文

故州閭之士，皆譽皆毀，未可爲正也；交遊之人，譽不三周，未必信是也。夫實厚之士，交遊之間，必每所在肩稱；上等援之，下等推之，苟不能周，必有咎毀。

故偏上失下，則其終有毀；偏下失上，則其進不傑。故誠能三周，則爲國所利，此正直之交也。

故皆合而是，亦有違比；皆合而非，或在其中。若有奇異之材，則非衆所見。而耳所聽采，以多爲信，是繆於察譽者也。

譯文

因此，整個鄉里的人，全部讚揚或詆毀一個人，未必可以作爲他行爲是否正當的判斷標準；與他交際往來的人，若沒有上、中、下三個階層一致的讚譽，未必可以採信。因爲誠實忠厚的人，在與人交往之時，必定會獲得與其相符的讚譽，如此上層的人會提拔他，下層的人也會舉薦他，如果最終不能獲得任用，一定是有人在背後詆毀。

所以，只與身分地位高的人交往而疏遠地位低的人，就容易遭人毀謗；只與身分地位低的人相交而疏遠地位高的人，仕途就會受到阻礙而無法有優異的表現。只有得到各個階層的人的認可，才能爲國家謀求福利。這才是正直的交往。

所以即便是受到大家一致讚許的人，也會有結黨營私，私相授受等不正當的交際往來；而大家一致批評的人，也可能有賢良之輩。如果有特異突出的人才，就不是一般大眾能夠辨別的。只相信耳朵聽到的傳聞，以此爲根據來選拔人才，認爲多數人說的話是可靠的，這是考察人才時常犯的一種錯誤。

事典

被誣陷謀反的狄仁傑

唐代名臣狄仁傑，侍奉父母十分孝順，對待兄弟手足也很友愛。他在高宗李治、武則天在位期間任職宰相。

有一次，越王叛亂，宰相張光輔率軍前往討伐，戰亂平定後，將士們倚仗自己的功勞，索求很多財物，狄仁傑沒有應允他們的請求。張光輔生氣的質問他說：「本官不過是想要賞賜些財物給有功的將士，你一個小小的州官竟敢阻攔，是瞧不起我這個元帥嗎？」狄仁傑回答：「在河南作亂的人，不過只是一個越王李貞罷了。你們搜刮百姓的財物據爲己有，這種強盜行爲與李貞有何不同？現在雖然死了一個李貞，但千千萬萬的李貞卻出現了。」張光輔問：「你說這話是什麼意思？」狄仁傑回答：「您統帥兵馬三十萬，平定一個亂臣，不約束麾下兵將，反而縱容他們侵占百姓財物、恣意殺人，使無罪的人平白喪命，這難道不是一萬個李貞嗎？你不寬恕那些投降的百姓，反而傷害他們的性命，像你這樣殘暴無德的統帥，我如果能夠得到尙方斬馬劍砍了你的頭，就算死我也心甘情願。」張光輔羞慚地無言以對，心裡暗自怨恨狄仁傑。

回到都城後，張光輔上奏狄仁傑出言不遜，使其降職爲復州刺史。狄仁傑的親信替他打抱不平：「大人爲民請命，阻止張光輔統領的軍隊搜刮百姓財物，朝廷不嘉獎您也就算了，居然還聽信張光輔的讒言，貶降您的官職，實在是太沒天理了。」狄仁傑說：「天子遠在朝堂之上，哪裡能夠鉅細靡遺地知道每一件事呢？當然要依靠各地官員上報，張光輔是當朝宰相地位尊崇，我先前得罪了他，他當然會挾怨報復，這也是在意料之中。我相信天子眼睛是雪亮的，只要我認眞做事，我想終有一天皇上會明白我的一片赤誠，又何愁沒有加官進爵的時候呢？」

天授二年（六九一年）九月，狄仁傑被任命爲地官（戶部）侍郎、同鳳閣（中書省）鸞台（門下省）平章事（宰相）。武則天就問他說：「你在汝南任職時頗有政績，照理說，滿朝文武應該稱讚你的表現，可是仍有人打你的小報告，一定是你平時得罪什麼人，而遭到別人的怨恨與詆毀，想知道是誰誣陷你嗎？」狄仁傑辭謝說：「陛下認爲臣有過失，臣應該改正；陛下明白臣沒有過錯，是臣的幸運。臣不知道誣陷我的人是誰，就還都是好友，若是知道了連朋友都做不成，臣寧願不知道。」武則天對他讚賞有加。

不久，狄仁傑受到來俊臣誣陷入獄。當時，只要一經審訊就馬上認罪的人可以減緩死罪，來俊臣就逼迫狄仁傑，在一審的時候承認自己的罪狀。狄仁傑嘆氣說：「自從大周創立以來，所有法令制度全都改革，我是唐朝的舊臣，豈能臣服於女皇威嚴之下，甘願就戮，謀反是千眞萬確的。」來俊臣就稍微放鬆對他的審訊。判官王德壽對狄仁傑說：「你是一定能夠減免死刑的。我想要晉升官職，想拜託大人將楊執柔牽連進來，可以嗎？」狄仁傑問：「怎麼牽連他？」王德壽說：「尙書大人擔任禮部春官時，楊執柔擔任本司員外郎，就說你們二人一同籌畫謀反，這不就牽連到他的身上了嗎？」狄仁傑憤慨的說：「皇天在上，后土在下，竟然讓我狄仁傑做這種謀害忠良的事情！」他說完就一頭撞在柱子上，血流滿面，王德壽驚恐只好向他謝罪。

狄仁傑被逼承認謀反的罪行後，相關單位的官員等待日子行刑，對他的看管稍有放鬆。狄仁傑向看守的獄卒要了筆硯，把繫在頭上的帛巾取下，把冤情寫在上面，放在棉衣中，對王德壽說：「現在天氣很熱，請幫我把這件棉衣轉交給我的家人，請他們替我把裡面的棉花拆掉。」王德壽沒有懷疑，就替他轉交。狄仁傑的兒子狄光遠發現棉衣裡的書信後，帶著書信到朝廷去向武則天告發，來俊臣逼迫狄仁傑承認謀反一事。武則天看了狄仁傑親筆寫的書信後就傳召來俊臣，向他詢問狄仁傑的情況。來俊臣說：「狄仁傑衣帽整齊，作息也很正常，他如果沒罪又怎會認罪？」武則天派遣使者前往獄中察看，來俊臣就命狄仁傑穿戴整齊去見使者，又命王德壽代狄仁傑寫了封謝死表，交給使者呈給武則天御覽。

武則天召見狄仁傑，當面問他說：「你為何承認自己謀反？」狄仁傑回答說：「那時如果不承認謀反的話，早已被鞭打致死。」武則天又問：「那你為何寫謝死表？」狄仁傑說：「臣沒寫過。」武則天把表書拿給他看，才知這是他人代筆的。武則天說：「卿一向奉公守法，勤政愛民，朕對卿的才能與忠心是清楚的，雖然來俊臣等人說卿謀反，朕仍然不肯相信。朕始終相信，要考察一個人的言行舉止，並非是聽別人說三道四，而是必須親眼所見才能得到證實。所以即便是滿朝文武都說卿意圖謀反，根據卿往日的表現，朕相信那些都是構陷之詞。現在眞相既已查明，卿的確是被人冤枉，朕就網開一面，赦免卿的死罪，貶為彭澤縣令。」狄仁傑叩頭謝恩。

人物

狄仁傑，字懷英，號德英，唐代并州陽曲縣（今山西省太原市陽曲縣）人。生於西元六三〇年，卒於西元七〇〇年。是唐高宗、武則天時著名宰相，正直清廉，明察秋毫，執法不阿。久視元年九月，狄仁傑病逝，追贈文昌右相（尚書右僕射），謚文惠。唐中宗即位後追贈司空，唐睿宗又追封他爲梁國公。

釋評

劉邵指出，在辨識人才時容易犯的錯誤之一，就是聽信別人對一個人的褒貶之詞，而沒有通過事實的驗證考核，就輕易相信傳言，而導致判斷失誤，錯失人才。所以，我們在辨識人才時，不可聽信別人的片面之詞，即便是一個鄉里的人都稱讚他或詆毀他，也不可以輕易採信。

以常理來說，一個人受到別人的稱讚，必然是他的品德與才能卓然出眾；但若一個人的品德與才能卓然出眾，卻受到別人的詆毀，那麼問題就出在他的朋友圈，與他往來相交的朋友之中，有嫉妒怨恨他的，這些人會去散播對他不利的謠言，一傳十，十傳百，逐漸的大家就信以爲眞。想要避免這種情況發生，就要打好人際關係，上流社會階層與平民階層的朋友都要互通往來，不可以只與權貴攀交而疏遠平民階層的朋友，否則平民階層的朋友會覺得你看不起他們，就會散播對你不利的謠言。也不可只與平民階層的朋友交遊往來，而疏遠上流社會的權貴，否則就等於斷送了自己的仕途前程。

所以，考慮到人與人之間互相忌妒怨恨等因素，領導者在選拔人才時，必須根據對方的能力才幹有一番公允的考核，不可只聽信別人的片面之詞，就輕易斷定一個人是賢才還是庸才。

名人佳句

明足以察秋毫之末，而不見輿薪。

這句話是戰國時代孟子所說的，摘錄自《孟子．梁惠王上》。意思是說：「視力能夠看到野獸秋毫的末梢，卻看不見一整車的柴薪。」這句話的原意是能看到細微的東西，卻推託說看不見顯而易見的事物。後來引申為明察秋毫，意指能夠洞悉事情的原委始末，不被他人的說法給蒙蔽。就如同武則天能夠明察秋毫，了解狄仁傑的謀反之罪，是受到來俊臣的栽贓陷害，而免他死罪。

原文

夫愛善疾惡，人情所常。苟不明質，或疏善善非。何以論之？夫善非者，雖非猶有所是。以其所是，順己所長，則不自覺情通意親，忽忘其惡。善人雖善，猶有所乏。以其所乏，不明己長。以其所長，輕己所短，則不自知志乖氣違，忽忘其善。是惑於愛惡者也。

譯文

喜歡良善討厭邪惡，是人之常情。不能看清人的本質，有可能疏遠善良之輩而親近邪惡之徒。爲什麼這麼說呢？擅長陷害別人的人，雖然用心不純良卻仍有長處。他們以其長處，來迎合自己的喜好，自己就會在不知不覺中與他們氣味相投，而忘記他們邪惡的一面。良善的人本質雖然美好，卻仍有不足之處。他們的短處跟自己的優點不相符；或者因爲他們的優點，使自己的缺點受到輕視，故而在不知不覺中無法志趣相投，忽略他們的良善。這就是被個人的喜好與愛憎的情緒給蒙蔽的緣故。

事典

構陷忠良的來俊臣

唐代女皇武則天，從廢帝臨朝至她稱帝時期，重用酷吏來俊臣，認爲他是個忠心的臣子，用他揭發那些對武則天不滿，懷有異心的臣子，朝中官員都很懼怕他。

來俊臣在受到武則天重用之前，只是個無所事事的市井無賴，時常傷害別人，沒有比他更兇殘的人。他曾在和州犯下奸盜罪被逮捕審訊，爲了脫罪就胡亂告密，當時的和州刺史是東平王李續，他嫉惡如仇，就打了來俊臣一百杖，來俊臣懷恨在心。後來李續在天授年間被誅殺，來俊臣又告密，被武則天召見。來俊臣就啓奏說：「臣先前所舉報是豫州和博州的謀反事件，而被李續陷害施打杖刑，使臣蒙受冤屈，無法向朝廷申訴。」武則天相信他的話，覺得他很忠心，就重用來俊臣，屢次升遷他官職至侍御史，加授朝散大夫。來俊臣在審訊武則天下令監禁的犯人時，若是與這個犯人相熟或者有關係往來的官員，來俊臣必定想辦法牽連他入罪，前後受株連而被滿門抄斬的有一千多家。

不久，來俊臣升任左台御史中丞。朝廷官員各個人人自危，走在路上不敢交談，只能以目光交接示意。有大臣向武則天勸諫說：「來俊臣是個不學無術，卑鄙無恥的小人，用不正當的手段栽贓陷害朝臣，使得朝中人人自危，敢怒不敢言。還請陛下不要被來俊臣這樣的小人給迷惑了。」武則天說：「朕倒覺得來俊臣十分忠心，那些朝臣們若無二心，哪裡是來俊臣能夠栽贓陷害得了的。況且，來俊臣替朕監督那些別有用心的臣子，甚合朕的心意，朕覺得他只是恪盡職守的爲朕分憂，沒有什麼不妥之處。至於那些詆毀他的官員，不過是因爲做了虧心事怕被揭發罷了。」大臣退出後，對隨從感嘆的說：「陛下一世英明，卻誤信的來俊臣這樣的奸佞小人。來俊臣懂得迎合上意，討陛下歡心，即便他作奸犯科，前科累累，陛下仍視而不見，再這樣下去，朝堂之上哪裡還有眞正憂國憂民的忠臣呢？」

來俊臣聯合侍御史侯思止、王弘義等人狼狽爲奸，他們召集市井無賴數百人，教他們揭發官員的隱私，蒐集官員謀反叛逆的罪證，一同編造證據，揑造事實，在千里之遙的各地共同呼應。來俊臣想要誣陷一個人入罪，就幾處官員分別遞奏摺上告，都指出相同的罪狀證據，讓朝臣們與武則天都認爲確有其事。並且告密的官員都眾口一詞的說：「請將此事交給來俊臣審理，一定能查個水落石出。」武則天就在麗景門另外設置推事院，讓來俊臣等人審問罪犯。只要交由來俊臣審理的案子，一定能讓犯人認罪並且供出同黨，武則天覺得他辦事效率很高，對他寵信有加。

來俊臣爲了使犯人招供，想出許多殘酷的刑罰，大多數犯人都承受不住而屈打成招，凡是進入推事院審問的犯人，一百個人當中，沒有一個是能活著出來的。

後來，來俊臣羅織罪狀，準備誣陷扳倒武氏諸王、太平公主與張易之，他們彼此互相指責揭發，武則天多次護住他們。武氏諸王與太平公主害怕這樣長久下去，會對自身不利，所以就聯合起來，揭發來俊臣貪贓枉法、強佔婢女，以及如何捏造罪狀陷害忠良的證據。最後來俊臣被判處死刑。行刑那天，被押解到市集處死示眾，百姓們都很痛恨他，爭先恐後地去割他的肉，沒多久身上的肉就被割完了，只剩下骨頭。

人物

來俊臣，雍州萬年縣（今陝西西安）人。生於西元六五一年，卒於西元六九七年。他的父親是來操，是個賭徒，與好友蔡本的妻子私通，最後娶了蔡本的妻子，生下來俊臣。來俊臣生性殘暴，受到武則天重用後，與朝中酷吏勾結，專門羅織罪狀陷害忠良，最後罪行被揭發，被判處死刑。

釋評

我們常常因爲主觀的價值標準，去評判一個人是善或是惡，而忽略了對方的本質。評判的標準爲：對方與我們志趣相投，我們就會喜歡這個人，即便他有邪惡的一面，我們也選擇視而不見；對方與我們志趣不相投，講幾句話就覺得不投機，我們就會討厭這個人，即便他有良善的一面，我們也選擇視而不見。以上這兩種情況的發生，是因爲我們的洞察力，被自己的喜好與厭憎給蒙蔽了，導致看不清楚一個人的本質是善還是惡。這是非常危險的，我們如果順從自己的喜好與厭憎來評斷一個人的優缺點，那麼可能會把心術不正之輩當成知心好友；而將忠厚耿直的人當成別有用心之輩。

這是因為心術不正的人，懂得去討好、迎合別人，所以容易招致別人的喜愛；而忠厚耿直的人，以善意去規勸對方，卻往往因為說話不中聽而被疏遠。所以，觀察一個人的是善良還是邪惡，不能只從自己的好惡去做判斷，否則就會相信心術不正的人，而失去正直善良的朋友。

名人佳句

去好去惡，臣乃見素。

這句話出自戰國時代韓非所撰寫的《韓非子．主道篇》。意思是說：「君主不顯露自己的喜好與厭憎，臣下無由揣測上意，將會把自己最真實的一面顯現出來。」人都有好惡之情，領導者也有，倘若領導者表現出他喜歡什麼，那麼臣下就會曲易迎合、投其所好；領導者表現出他討厭什麼，臣下就會把他討厭的人事物給清除掉。如此一來，領導者就只會看到臣下討好諂媚的一面，而無法認識到他們真正的本質，所以領導者就容易被好惡所蒙蔽，而無法了解誰是忠臣、誰是奸臣。最好的辦法，就是領導者把好惡藏在心裡，不要表現出來，這樣臣下就無由揣測，而領導者也能看清臣下真正的本質，究竟是良善還是邪惡，就能一目了然。

原文

夫精欲深微，質欲懿重，志欲弘大，心欲嗛小。精微，所以入神妙也。懿重，所以崇德宇也。志大，所以戡物任也。心小，所以慎咎悔也。故《詩》詠文王：「小心翼翼」，「不大聲以色」，小心也。「王赫斯怒」，「以對于天下。」，志大也。由此論之，心小志大者，聖賢之倫也。心大志大者，豪傑之雋也。心大志小者，傲蕩之類也。心小志小者，拘懦之人也。眾人之察，或陋其心小，或壯其志大，是誤於小大者也。

譯文

人的精神活動要細微深入，稟性要美善而莊重。志向要弘大，心思要細膩謹慎。精神要細微深入，才能進入高深莫測的境界。品格美善而莊重，氣度才能恢弘崇高。志向遠大，才能夠肩負重任。

心思細膩，才能夠小心謹慎避免犯錯。所以《詩經》歌詠文王說：「謹慎小心，不依靠張揚自己的名聲，與外在的表現來抬高自己的身價。」，這是小心謹慎的表現。文王在緊要關頭不隱藏自己的怒氣，一舉誅殺昏君紂王平定天下，這就是志向遠大的表現。由此觀之，小心謹慎，志向遠大的人，是聖賢一類的人。氣度恢弘，志向高遠的人，是豪傑中出類拔萃之輩。氣度恢弘，志向短淺的人，是傲慢放蕩一類的人。心胸狹窄，志向淺薄的人，是拘謹軟弱的人。在辨識人才時，或者因爲他恭謹小心就輕視他，或者因爲他志向恢弘就讚許有加。這是沒有辨別清楚志向遠大與短淺的差別所犯的錯誤。

事典

隱忍待時的周文王

殷紂王暴虐無道，人民與諸侯都敢怒不敢言。西伯，叫做姬昌，商朝末期周氏族首領。姬昌行仁義之事，尊敬老人，對年幼的孩童很慈愛，百姓們都很愛戴他。他禮賢下士，爲了接待前來投奔的人才，而沒有閒暇吃飯，許多賢能的人都來投奔他，甘願爲他效命。伯夷、叔齊，聽說姬昌敬重老人，願意奉養他們，讓老人們都能安享晚年，於是都前來投奔他。姬昌的親信對他說：「當今之世，紂王暴虐無道，已經沒有資格做君王了，西伯您德高望重，只要您登高一呼，諸侯們必定群起響應，您爲何不推翻紂王，自立爲王呢？」姬昌回答說：「紂王雖然暴虐無道，但願意跟隨他的人還有很多，如果貿然揭竿起義，若是失敗，恐怕再也沒有東山再起的機會了，這件事我必須三思，不可輕舉妄動。」

崇侯虎對紂王說：「現在西伯正在招攬賢士，而且他的名聲很好，諸侯都前往依附他，這對大王非常不利，大王可要有所行動，否則等到西伯聲勢壯大，就悔之晚矣！」紂王就召來姬昌，將其囚禁在羑里（今河南湯陰），剝奪他的自由，姬昌也不擔心憂慮，照樣每天按時作息，寫了一本《周易》傳揚後世。姬昌的大臣閎夭等人就很憂慮，於是向紂王進獻美女與寶物，請求紂王把姬昌釋放，閎夭對紂王說：「西伯爲人小心謹慎，侍奉大王一向恭謹謙遜，不敢有絲毫的踰矩，況且他沒有遠大的志向，對大王絕對沒有二心。」紂王看在美女與寶物的份上，就將姬昌釋放。

姬昌回去之後，更加小心謹慎，他要求身邊的人要行事低調，不要四處宣揚他的美名。他做善事都不張揚，深怕傳到紂王耳裡引起猜疑。姬昌的聲望逐漸壯大，前來歸附他的諸侯越來越多，但是終其一生，他都謹小慎微，不敢推翻殷朝。等到他的兒子姬發即位後，見到紂王越來越殘暴，百姓苦不堪言，忍無可忍，便繼續他的父親未完成的事業，聚集諸侯討伐紂王。後來終於誅殺昏君紂王，建立周王朝，自立周武王，追諡姬昌爲周文王。

有臣子對姬發說：「大王眞是勇敢啊！您的父親文王終其一生都不敢討伐紂王，而您卻做到了他不敢做的事。」姬發回答說：「這哪裡是我的功勞，如果沒有我父親的蓄勢隱忍，謹慎小心，恐怕周氏一族早就被紂王給消滅了，哪裡還會有我稱王的一天呢？如果我的父親是貪生怕死之徒，那麼他又爲何要禮賢下士，善待前來投奔他的人呢？我的父親文王並非沒有遠大的志向，正因爲他的志向遠大，才更懂得忍辱負重的道理，而我不過是替我父親完成他沒有做完的事業罷了，哪裡有什麼功勞呢？」

人物

周文王，生於西元前一一五二年，卒於西元前一〇四六年。原名姬昌，繼承其父季歷的爵位爲西伯。他實施富國強兵的政策，任用閎夭、太顛、散宜生等賢臣輔佐，國力日漸強盛。他曾解決虞、芮兩國的爭端，並擴充勢力到長江、漢水、汝水等流域，爲消滅殷商做準備。他施行仁政，使得諸侯都紛紛前來依附。

釋評

一般人辨識人才只看對方外在的表現，而忽略內在的品格稟性。當他們一看到謹慎小心的人，就覺得他見識淺薄、庸俗粗鄙，因而輕視他；一看到志向遠大的人，就覺得他氣度恢弘而予以讚揚。而忽略了氣度恢弘的人不一定代表他志向遠大，有可能是志向短淺的人；謹慎小心的人，不一定表示他見識淺薄，有可能是志向遠大的人。一個人要深入了解他的品格稟性，才能有所評判，而不能只憑他外在的表現，就隨便下定論，否則有可能會被對方外在的表現給蒙蔽，而做出錯誤的判斷。

名人佳句

潛龍，勿用。

這句話出自西周時期，由文王主編的《易經》，意思是說：「龍潛在水中，蓄勢待發，此時不可有所作為。」龍潛得深，才能一飛沖天，一展鴻圖。潛在水中的龍，為了將來的成就而做準備，這個時期應當內斂含藏自身的光芒，為了將來的成就隱忍，這是品德崇高的人才能做得到。就如同周文王，他在為了消滅周紂王做準備時，謹慎小心，表現向紂王俯首稱臣的謙卑姿態，實際上暗中招攬賢士，擴充疆土，增添自己的實力，所以當姬發出兵討伐紂王時，才能一舉成功。

原文

夫人材不同，成有早晚。有早智速成者，有晚智而晚成者，有少無智而終無所成者，有少有令材遂爲雋器者。四者之理，不可不察。夫幼智之人，材智精達，然其在童髫，皆有端緒。故文本辭繁，辯始給口，仁出慈恤，施發過與，愼生畏懼，廉起不取。早智者，淺惠而見速；晚成者，奇識而舒遲；終暗者，並困於不足；遂務者，周達而有餘。

而眾人之察，不慮其變，是疑於早晚者也。

譯文

人的才能稟性不同，成就也有早晚的差異。有些人年幼時聰穎機敏，很年輕就有所成就；有些人智慧啓發得晚，他們的成就也比較遲；也有些人年輕時沒有聰明才智，到老了一事無成；也有些人年少時才華出眾，成爲傑出的人才。這四者隱含的奧妙，不可以不仔細探察。年幼時就顯現出智慧的人，他們聰明透徹，在孩童時期已可看出端倪。所以大體來說，善於寫作文章且辭藻精妙的人，源自於他們年幼時認識的字彙繁多；擅長辯論的人，源自於他們年幼時口舌伶俐；待人寬厚仁慈的人，在他們年幼時就懂得憐憫弱者；樂善好施的人，他們在年幼時就不吝惜錢財，待人慷慨；謹慎小心的人，在他們年幼時就懂得不取不義之財。年幼聰慧的人，依靠小聰明而反應快速；智慧啓發得晚的人，見解奇特，從容不迫；一輩子愚昧不明的人，做任何事都受限於自身的才智不足；事業有所成就的人，處事通達順暢，游刃有餘。

一般人在識別人才時，忽略人才的培育發展是有一個進程發展，會迷惑於成就的早晚，而錯失人才。

事典

年幼聰慧的謝道韞

東晉時代人，是宰相謝安的姪女，安西將軍謝奕的女兒。她年幼聰穎，口齒伶俐，能言善辯。有一次，謝家舉辦家庭聚會，謝安就問：「大雪紛飛，有什麼東西可以比擬？」謝安兄長的兒子謝朗搶先回答說：「灑把鹽在空中飄落的樣子，勉強可以與大雪相比。」謝道韞就回答說：「這個比喻差強人意。依我看，柳絮被風吹起的樣子和大雪紛飛最爲相似。」謝安就稱讚她說：「道韞小小年紀，就才思敏捷，對於詞藻章句涉獵頗多，將來在文才上面定然能有所成就，說不定是位女才子呢！」果不其然，謝道韞長大後成爲一名才女。

她剛嫁給王凝之的時候，對丈夫頗爲不滿。回娘家的時候，向叔父謝安抱怨說：「我的丈夫也太不爭氣了，想我們謝家滿門各個都是聲名遠播的飽學之士，就連我弟弟謝玄也是個風流才子，精通詩詞歌賦，對於《周易》、《老子》、《莊子》亦頗有見地，我怎麼就嫁給王郎這種平庸之輩。」謝安勸慰她說：「王郎是書法名家王羲之的兒子，在書法上亦頗有造詣，妳還有什麼好抱怨的呢？」謝道韞嘟著嘴，仍是一臉不高興的樣子，謝安笑著說：「有些人年幼時並不聰明，可是隨著年紀增長，他的才華智慧才會逐漸顯現出來，也許他日後在文學上有有獨特的見解也說不定，他現在還年輕，嫌棄他沒有才華未免言之過早，或許他是『大器晚成』也說不定呢！」

又有一次，王凝之的弟弟王獻之和賓客談論事情，快要理屈詞窮，無言以對的時候，謝道韞就派婢女對王獻之說：「我家夫人說了，可以幫你解圍。」古代婦女不能在外人面前拋頭露面，所以謝道韞就命人架設青綾步障遮擋住自己，代替王獻之與客人繼續辯論先前的話題，客人無法說服她，甘拜下風。客人走了之後，王獻之稱讚她說：「嫂嫂眞是厲害，我沒有辦法辯贏的議題，嫂嫂一下子就說得令對方啞口無言，眞不愧是小時候有『詠絮之才』之稱的才女。」謝道韞笑著說：「大部份傑出的人才，都是在小的時候就聰明伶俐，很年輕就在文壇上展露頭角，我剛好也是其中之一。」王凝之回來後，聽說了此事，也對她讚譽有加。

人物

謝道韞，又作謝道蘊，字令姜。生卒年不詳。東晉時代人，名將謝玄的長姊，嫁給王凝之，他是名書法家王羲之的兒子。謝道韞的文才堪與漢代的班昭、蔡琰相比，因她年幼時以柳絮比喻大雪紛飛的情景頗爲傳神，後人以「詠絮之才」比喻才華洋溢的女子。後來孫恩、盧循發動叛變，王凝之守衛不力被捕身亡。謝道韞聽說丈夫被反賊所殺，就拿刀砍了幾個反賊，反賊又想害死她的外孫劉濤，謝道韞挺身保護劉濤，此舉讓孫恩很感動，就放過他們。道韞在會稽寡居，終生沒有改嫁，她的人品才學被當時人所傳頌稱讚。

釋評

在辨識人才時，我們往往因爲只看到人當前的表現，就輕率地去下判斷，這樣就容易受到表面現象的蒙蔽而判斷錯誤。每個人都有一個成長過程，同樣的人才的培育與發展也有一個歷程，如果我們只看到眼前這個人當前的樣貌，就輕易地去判定他是聰明還是愚鈍，就有可能會被表面現象給蒙蔽，而看不清人才的眞正本質。

劉邵指出，人才可以區分爲早智與晚成。早智，就是在年幼時就很聰慧，很年輕在某個方面就有了優異傑出的表現。例如：一個人如果能言善道，那麼他在年幼時就能看出他的口齒伶俐；一個人如果樂善好施，那麼在他年幼時就很慷慨大方。晚成，是指在年幼時沒有特別優異的表現，當他長大之後聰明才智才逐漸顯現出來，這樣的人往往在年幼時無徵兆可循，但是當他的才智顯現之後，就顯得見識不凡，處事沉穩不心浮氣躁。也有一些人，一輩子都愚昧魯鈍，做任何事情都沒辦法有優異的表現。

由上述可知，我們在辨識人才時，需要觀察一個人從小到大的成長歷程。因爲，一個人小時候聰敏機智，不代表他長大之後也能優異突出；相反的，一個人小時候愚蠢駑鈍，有可能是他大器晚成的緣故，並不妨礙他成年之後成爲一個聰明睿智的人才。因此，我們不能因爲一個人小時候的表現優異，就斷言他長大也必然是棟樑之才；也不能因爲一個人小時候愚蠢駑鈍，就斷言他長大必然是無用之才。如果只單純從年幼時的表現去下定論，那麼很可能會導致我們在品鑑人才時判斷錯誤，而錯失人才。

名人佳句

大器晚成。

這句話是春秋時代老子所說的，摘錄於《道德經‧四十一章》，意思是說：「真正的器具是需要經過精雕細琢，所以很遲才能成就。」一件有用的器具，是需要花很多時間去製作出來，光是工序就非常繁複，製作上費時越長的器具，它的功能越好；反之，在很短時間製作出來的器具，因為時間倉促，在用料跟工序上都可能比較簡略，雖然製作出來的器具也能使用，但性能與功效上會不如長時間製作出來的器具。人才也是同樣，有些人在年幼時看不出來有何過人之處，但經過數十年學習鑽研學問的薰陶，他的才華如同璞玉一般經過雕琢而能成為美玉。一個人的品格德行是需要長時間的淬鍊，就像潛入水中的龍，潛得越深才能飛得越高。

在《道德經》的語文脈絡底下，這句話有另外一種解釋：「能夠讓天底下所有人發揮他們應有的功用，才是真正有用的人。」這是把自己放在所有人的後面，不急著彰顯自身的才華，而將自身的才能隱藏起來，讓別人的才能得以發揮出來，等到所有人都能發揮他們的長處後，就等於自身也能得到成功，故曰「晚成」。

原文

夫人情莫不趣名利、避損害。名利之路，在於是得；損害之源，在於非失。故人無賢愚，皆欲使是得在己。能明己是，莫過同體；是以偏材之人，交遊進趨之類，皆親愛同體而譽之，憎惡對反而毀之，序異雜而不尚也。推而論之，無他故焉；夫譽同體、毀對反，所以証彼非而著己是也。至于異雜之人，於彼無益，於己無害，則序而不尚。

譯文

人之常情皆是追求名利，躲避損害。獲得名利的道路，是正確的掌握自己的優勢而獲得成功；造成禍害的源頭，在於自身的缺點而導致失敗。所以無論是賢良或愚昧的人，都想要走在正確的道路上而功成名就。能夠了解自身優點的人，莫過於和自己是屬於同一類型。因此，偏於一方才能的人，在與人相交或者向上攀升方面，都會親近愛慕與自己相同類型的人而讚美他，厭惡和自己不同類型的人而詆毀他，對於那些既不屬於和自己相同類型的人，也不屬於和自己相反類型的人，只是排列他們的高低順序，而不與評價推崇。推測深究其中的道理，也沒有什麼其他的原因。讚譽和自己同類的人，詆毀與自身不同類的人，只是要證明不同類的錯誤而彰顯與自己同類的優點而已。至於那些不屬於同類與不同類的人，讚譽他們對自己沒有好處，詆毀他們對自身也沒有害處，所以只是排列他們的順序而不與評價。

事典

排除異己的秦檜

秦檜是宋朝人，北宋末年時擔任御史中丞。靖康之難發生之後，金人把徽、欽二帝，以及皇室大部份的后妃與官吏都俘虜到金國，其中也包含秦檜。北宋隨著這次金兵大舉入侵而滅亡。康王趙構在南京應天府稱帝，是爲宋高宗，是南宋的第一任皇帝。

秦檜在宋高宗建炎四年（西元一一三〇年）時返回南宋，他自稱是殺了監視自己的金人搭船逃回的。宋朝官員大多不相信這種說法，他們懷疑秦檜是與金人達成協議，答允回到南宋後力倡和議，金人才將他放回，否則同時被拘留的大臣還有何桌、孫傅等人，爲何只有秦檜被放回？況且，從金朝到中國兩千八百里，過河越海，難道就沒有一個守關的士兵責問他的行蹤，怎會有機會殺掉監視他的人？就算是跟隨完顏昌的部隊，金人有意偷偷將他放回，也一定會扣留他的妻兒當人質，怎麼會允許他的妻子王氏跟隨他一起回來？當時肯相信他的只有宰相范宗尹、同知樞密院李回，他們與秦檜一向交好，在皇帝與朝臣們面前替他辯解，盡力擔保他對南宋朝廷的忠心，才讓大臣們不再懷疑他。秦檜主張與金朝二分天下，讓金朝佔據北方，宋朝安居南方，與金朝休兵和議，認爲只有這樣才能相安無事。他的首次上奏就是他草擬的與完顏昌的求和書。皇帝看了以後很高興，說：「秦檜忠厚老實，朕得到這位賢臣高興得晚上睡不著覺；又從秦檜口中，聽到二帝與母后的消息，得知他們無恙，朕也就放心了。」

紹興元年二月（西元一一三一年），秦檜被任命爲參知政事，宰相范宗尹被秦檜陷害罷免，相位空缺。秦檜就故意放出風聲說：「我有兩個安國定邦的計策，只可惜現在沒有宰相，不能實行我的計畫。」這話傳到皇帝耳中，不久秦檜就被任命爲宰相。秦檜做了宰相後，主張和金人和議。大臣黃龜年上奏彈劾他說：「秦檜主張和議，阻止恢復宋朝國土，培植自己的黨羽專權干政，這種風氣不可助長。」皇帝就把秦檜罷免，後來張浚向皇帝舉薦任用趙鼎做宰相。秦檜不甘心被罷免，想要再次做宰相，就想要把趙鼎拉下來。他知道張浚和趙鼎的交情非常好，就離間他們的友情，故意對趙鼎說：「皇帝想召用你，但張浚卻極力反對。」秦檜故意激怒趙鼎，讓趙鼎排擠張浚。秦檜在樞密府中只聽趙鼎的命令，趙鼎一向討厭秦檜，卻因此對他改觀，甚至對他十分信任。等到被秦檜陷害後，才知道中了他的圈套。

紹興七年，宋高宗生父宋徽宗的死訊傳到南宋。高宗想要與金人和議，將先帝的靈柩迎回安葬，並且迎回太后韋氏。紹興八年，秦檜二度被任命爲宰相，吏部侍郎晏敦面帶憂愁地說：「壞人當宰相了，大家要沒好日子過了。」當時，金熙宗即位不久政權還不穩固，金朝大臣完顏昌主張與宋議和。不久，金人派遣烏陵思謀等人前來議和，開出的條件之一是宋高宗要向金國稱臣。皇帝神色憂慮的對秦檜說：「先帝的靈柩，金朝倘若眞的願意歸還，朕就算再等二、三年也無所謂。只是太后年事已高，朕早晚思念，想早日相見，好侍奉太后安享晚年，以盡孝道。所以即便是委屈自己向金國稱臣，也希望能儘快達成和議。」秦檜說：「陛下以九五之尊，爲了迎回先人靈柩，以及與太后骨肉團聚，而不惜屈尊稱臣，這是陛下的一片孝心，相信普天之下的臣民百姓都願意成全陛下的孝道；而爲人臣子見到君主對敵人卑躬屈膝，心中憤恨不平，這是對君主的一片忠誠。」皇帝說：「雖然答允和議，但也不可因此而鬆懈邊防，正所謂是有備無患，朕還是得做兩手準備。」十月，秦檜單獨對皇帝說：「大臣們分爲兩派，一派主和，一派主戰，兩邊僵持不下，若是繼續畏首畏尾，恐怕耽誤大事。若陛下定決心和議，請只與臣商議，不要讓群臣干涉。」皇帝說：「朕只信任卿，此事就交由卿全權處理。」秦檜說：「向金國稱臣茲事體大，若是貿然決定，臣也怕不妥，還望陛下再考慮三天，容臣再奏。」過了三天，秦檜又留下奏事，皇帝想要和議的決心更堅定，秦檜擔心皇帝事後會後悔，將責任怪罪到他的頭上，就假意說：「臣覺得此時非是和議時機，懇請陛下再考慮三天，容臣再奏。」皇帝說：「可以。」又過了三天，秦檜又留下奏事如初，知道皇帝和議的決心堅定。於是便拿出先前擬好向金人請求和議的文字請皇帝過目裁決，並且不允許群臣干預。

趙鼎極力奏請皇帝准許他辭去相位，得到准許後，入朝向皇帝辭別，對皇帝說：「臣離去後，一定會有人利用陛下的孝心，勸說陛下與金朝和議，此人居心叵測，陛下千萬不可相信此人。」趙鼎出來看見秦檜，只作了一個揖就離去，秦檜得知趙鼎在皇帝面前打他小報告，從此對他懷恨在心。

趙鼎離去後，朝政由秦檜把持，他極力主張和議，與他意見不合的大臣都紛紛離去。有大臣私下議論秦檜說：「秦檜這個人，只要是主張與金人抗戰的，都會被他陷害排擠，而他又極力拉攏和他一樣主張和議的人，這樣的人哪裡是眞正爲朝廷百姓著想的人呢！任用這種奸臣當宰相，國家前途實在堪憂啊！」又有大臣在背後非議秦檜說：「當初，秦檜剛從金國逃回來時，大臣們都不信任他，認爲他一定與金人有所勾結，是前宰相范宗尹在皇上面前極力替他保薦，他才得以留下在朝爲官，可是他卻爲了自己想當宰相，而故意陷害范宗尹，使他被罷免官職，這種陰險小人實在是不值得信任。」

後來樞密院編修官胡銓上疏，對皇帝說：「金朝是外族人，侵犯我大宋河山，又擄去徽、欽二帝與一眾皇室成員，對我宋朝來說是奇恥大辱，陛下怎能答應與金人和議，促使這件事的宰相秦檜分明是賣國求榮，理應處斬。」這件事傳聞開來，朝中上下議論紛紛。秦檜竟爲了替自己開脫，誣陷胡銓，將他貶到昭州。後來凡是跟秦檜作對，反對和議的大臣，都被秦檜排擠離開都城臨安，貶到外地去了。秦檜獨攬朝政大權後，排斥異己的情況更爲嚴重，但皇帝信任秦檜，朝臣們也無可奈何。

人物

秦檜，字會之，宋江寧人。生於西元一〇九一年，卒於西元一一五五年。北宋官員，歷經靖康之禍，被金人擄去，後來逃回南宋。宋高宗時兩度擔任宰相，主張與金人和議，阻止恢復宋朝江山。凡是反對和議的忠臣良將，都被他陷害或流放或殺害，民族英雄岳飛就是其中一個受害者。一時朝中忠臣良將殆盡，與金人和議才得以達成。秦檜個性陰險狡詐，陷害忠良無數，晚年更是殘忍。秦檜六十六歲時病逝，卒諡忠獻，寧宗改諡繆醜。

釋評

這段文字是說，當我們在識別人才時，容易受到與我們相同類型的人所影響，這是一種主觀認識上的蒙蔽。因爲，只要是人，我們都會傾向去親近與我們相同類型的人，而去排斥與我們不同類型的人。例如：善良的人自然的會去喜歡親近和他一樣善良的人，而遇到邪惡的壞人，則會討厭憎恨他。又比如：貪污的人很自然會去和他一樣貪汙的人爲伍，而對於那些清廉正直的人，則會排擠他們。至於那些既不屬與同類型，也不屬於不同類型的人，只會去排列他們的等級順序，既不予推崇，也不予討厭。

這是出自人之常情，所以當我們在識別人才時，也會很自然去傾向選擇與我們同類的人，而不會去選擇與我們不同類型的人，這樣就會受到主觀情緒好惡的影響，而失去客觀公平的判斷力。

名人佳句

清風兩袖朝天去，免得閭閻話短長！

這句話出自明代于謙所寫的〈入京〉一詩，意思是說：「不如兩袖清風的離開朝堂之上，免得成為街頭巷尾被人議論的對象。」在朝為官，若是不懂得攀附權貴，讓權貴覺得你與他是同一類型的人，就會被排擠、打壓。所以，那些不願同流合汙的官員，就寧願辭官回鄉，最起碼還可以全身而退，否則若是遭人陷害、議論，可能還會有性命之憂。

原文

是故同體之人，常患於過譽，及其名敵，則尠能相下。是故直者性奮，好人行直於人，而不能受人之訐；盡者情露，好人行盡於人，而不能納人之徑；務名者樂人之進趨過人，而不能出陵己之後。是故，性同而材傾，則相援而相賴也；性同而勢均，則相競而相害也。此又同體之變也。故或助直而毀直，或與明而毀明。而眾人之察，不辨其律理，是嫌於體同也。

譯文

所以，同一類型的人，容易犯的過失在於過度的讚美對方；而遇到與自己名聲不相上下的人，很少願意屈居於對方之下。因此，耿直的人性情激憤高亢，喜歡見到別人以正直的態度待人，而不能容忍別人攻擊自己或揭發自己的過失。性格外向的人不會隱藏自己內心的情感，喜歡別人爽快大方，卻不能容忍別人直言不諱批評自己的缺失。追求名聲的人喜歡看到別人積極進取，卻不能忍受別人的名聲凌駕在自己之上。所以，性情相同而才能比不上自己，則彼此能夠互相援助，互相依賴；性情相同而勢均力敵，則會互相競爭而導致互相傷害。這又是同一類型的人的另一種變化。因此，有的幫助正直的人，有的詆毀正直的人；有的讚美聰明的人，有的又詆毀聰明的人。一般人在觀察人才時，不能去分辨其中細微的道理，是因爲同類型的人容易互相猜疑的緣故。

事典

嫉妒賢才的公孫瓚

公孫瓚是東漢末年人，年少時曾做過一個郡縣的小官。他長相俊美，口齒伶俐，甚得太守賞識，太守就把女兒嫁給他。後來公孫瓚被朝廷任命爲降虜校尉，封都亭侯，兼任領屬國長史。他剿滅敵寇頗有聲望，他經常帶領幾十名善於射箭的士兵，全部都騎乘白馬，作爲他的左右翼，自稱「白馬義從」。敵寇懼怕公孫瓚，烏桓人互相轉告，凡是見到騎白馬的長史都要避開，從此之後，外族人就再也不敢侵犯邊境。烏桓人還畫了公孫瓚的畫像，騎在馬上射它，射中了就高呼萬歲。

與公孫瓚同時期，掃平外族賊寇享有聲望的是幽州刺史劉虞，他是漢光武帝劉秀之子，東海恭王劉彊的五世孫。他在軍中威望頗高，令烏桓等外族不敢侵擾邊境。當時，公孫瓚極力主張消滅烏桓，而劉虞則想要招降，兩人因爲意見不同，所以逐漸產生嫌隙。劉虞是皇親國戚，而公孫瓚出身低微，公孫瓚時常感到自卑，且因對烏桓的政策兩人看法不同，就更加深公孫瓚對劉虞的怨恨。他常常故意破壞他的上司劉虞的政策，有人勸他說：「大家都是爲漢室盡忠，你爲什麼要這樣做呢？」公孫瓚忿忿不平的說：「我與劉虞都是朝廷的官員，在剿滅烏桓等外族賊寇上也都一樣獲得很多軍功，照理說我與他應當是平起平坐，可他劉虞仰仗自己是皇親國戚，就能居於我之上，要我事事都聽命於他，我實在是心有不甘。況且，在對待烏桓的策略上本來就不能心慈手軟，他的招安政策根本行不通，他又不聽我的，所以只好暗地裡搞破壞。」劉虞知道後十分生氣，本來還一再的對他忍讓，後來實在看不慣公孫瓚囂張跋扈的作風，於是集結兵馬十萬人攻打公孫瓚。但對戰時，劉虞被手下公孫紀出賣，受公孫瓚的反擊潰敗，在逃往居庸的途中被俘虜。

公孫瓚捉到了劉虞，完全佔領幽州，因而志得意滿，野心更大。公孫瓚在易這個地方修築堡壘，把根據地遷移到這裡，想要據守此處，當一方霸主。此時，劉虞的麾下鮮于輔率兵前來找公孫瓚報仇，後來聯合烏桓與袁紹部眾，一起攻打他，公孫瓚不敵戰敗就退守易京，屯聚糧食，也頗能自給自足。當時蝗災肆虐，穀價上漲，許多買不起穀米的平民百姓，只好互相吃人以維持生命。公孫瓚倚仗自己的才幹與勢力，不體恤百姓困苦艱難的生活，凡是得罪過他或與他有仇的，他必定報復回去。地方上有聲望高過他的賢士，他一定編派罪名加以陷害。有人問他為什麼要這樣做？公孫瓚回答說：「在這裡我擁有兵權，又有才幹，可是難免有心懷不軌的人想要奪取我的位子，所以只要的名聲超過我的，不管他是否想奪我的權力，我都要先發制人，讓他永遠喪失這個可以扳倒我的機會。我公孫瓚豈能屈居於人下，被他人騎在頭上？」公孫瓚所喜歡的是那些地位不如他的販夫走卒，商賈百姓，只有跟這些人在一起，他才能保有自身的優越感。久而久之，公孫瓚失去民心，他所管轄地區的百姓群起造反，投奔劉虞之子劉和的軍隊。後來他麾下的將領被袁紹各個擊破，他也不去救援這些部下，只退守易京，最後兵敗自殺。

人物

公孫瓚，字伯圭。生年不詳，卒於西元一九九年。東漢末年人，曾任中郎將，封都亭侯，幽州刺史。

釋評

一般來說，我們在識別人才時，很自然的會去認同與我們相同類型的人，而去排斥與我們不同類型的人。但這其中又分為兩種類型：第一種是同體而過譽：人若是遇到和自己同一類型的人，對方才能若是在自己之下，那麼就會很熱衷的去幫助他、讚揚他，這是因為人都會去認同與我們相同類型的人，而且又喜歡見到自己的才能凌駕在他人之上，這個時候會產生一種優越感，所以見到才能不如自己的人，會不遺餘力的去幫助他。例如：當追求顯赫名聲的人，看到一個人也同樣的熱衷追求顯赫的名聲時，心裡就會去贊同他；當這個人的名聲在自己之下時，就會盡力的去幫助他提升聲望。

第二種是同體，且「及其名敵，則尠能相下」。（尠，讀作顯，是很少的意思）雖然是相同類型的人，能力若與自己勢均力敵、不相上下，但若是對方的才能凌駕於自己之上，則會與他相互競爭甚至互相傷害，因為沒有人願意對別人卑躬屈膝、甘居下風，所以討厭見到別人的才能勝過自己的。例如：同樣都是追求顯赫名聲的人，但見到對方的名聲凌駕於自己之上，就會心有不甘而盡一切所能的去打壓對方。以上兩者，就是在辨識人才時，因為我們會很自然地去傾向和自己同樣類型的人，而衍生出來互相扶持，或者互相詆毀的兩種情況。

名人佳句

處重擅權，則好專事而妒賢能。

這句話是戰國時代荀子所說的，摘錄自《荀子．仲尼篇》，意思是說：「居處高位獨攬政權，就喜歡獨斷專行而嫉妒賢才。」有些喜歡追逐名利權勢的人，把名利看得很重，害怕比他更有才幹賢良的人會取代他的位子，所以時常嫉妒那些與他旗鼓相當，甚至在才幹名聲上高於自己的人。

原文

夫人所處異勢，勢有申壓。富貴遂達，勢之申也。貧賤窮匱，勢之壓也。上材之人，能行人所不能行。是故，達有勞謙之稱，窮有著明之節。中材之人，則隨世損益。是故藉富貴則貨財充於內，施惠周於外。見贍者，求可稱而譽之。見援者，闡小美而大之。雖無異材，猶行成而名立。處貧賤，則欲施而無財，欲援而無勢。親戚不能恤，朋友不見濟。分義不復立，恩愛浸以離。怨望者並至，歸非者日多。雖無罪尤，猶無故而廢也。

譯文

人處在不同的地位，情勢或有提升或被打壓。富貴順遂，這是情勢得以如願以償。貧窮卑賤，是情勢被打壓、不得志。上等資質才能的人，能做到別人所不能做到的事情。所以，即便是處在富貴順遂的情勢中，也懂得勤勞謙遜；處在貧窮卑賤的情勢中，也能保有自己的節操。中等資質才能的人，隨著外在環境的情勢升降而有沉浮變化。所以，得勢的時候就藉著自己的財富權力，擴充自身的財富，施予恩惠給別人。受到他救濟的人，在適當的時機極力向別人稱讚他的善舉。受到他援助的人，闡揚他的小恩小惠，誇大他的德行。這種人雖然沒有特殊的才能，也能功成名就。失勢時，想要贈與他人錢財也心有餘而力不足；想要幫助別人，也無權無勢。對待親戚不能體恤，對待朋友不能救濟。無法盡到應有的名分與道義上的責任，親朋好友的感情逐漸疏遠。對他心懷不滿的人紛紛前來，指責、批評他的人日漸增多。雖然沒有罪過，仍然被人棄置。

事典

操守不受富貴貧賤影響的范仲淹

范仲淹，北宋名臣。他兩歲時父親就過世了，母親帶著他嫁給姓朱的人家，他也跟著姓朱，取名說（讀作「悅」）。范仲淹年少的時候就立定志向，堅守節操，等他長大成人後，知道自己的身世，受到感動哭著辭別母親，前往應天府書院（今河南商丘睢陽區），跟隨戚同文鑽研學問。那時，他一個人出門在外，所帶的盤纏有限，過著很貧窮的日子，他從早到晚不分晝夜的讀書，冬天感到疲憊的時候，就用冷水洗臉，提振精神繼續苦讀；糧食吃完了，他就喝稀粥度日，別人都無法忍受這種刻苦的生活，只有范仲淹不覺得辛苦。

他的苦讀終於有了成果，大中祥符八年（西元一〇一五年）考中進士，被任命爲廣德軍（今安徽廣德縣）的司理參軍，掌管訴訟刑獄。他將母親迎接回來侍奉。後來出任集慶（今安徽亳州）節度使推官，這才恢復他原本的姓氏，更改名字。等到范仲淹的母親死後，他辭去官職，後來受到晏殊的賞識，提拔他爲秘閣校理，職務內容是皇帝的文學助理。

范仲淹年輕時過得很貧窮，可是他並沒有因此隨波逐流，依然保有自己的節操；成爲達官顯貴後，依然勤奮節儉，沒有客人到訪的時候，就不吃兩種以上的肉。他把俸祿都拿去捐贈鄉里，開設義莊，贍養族人，自己的妻兒都沒有體面的衣服穿，僅能維持溫飽而已。接受他恩惠的百姓還替他畫畫像，立生祠供奉他，歌頌他的功德，傳揚他的美名。

人物

范仲淹，字希文。生於西元九八九年，卒於西元一〇五二年。北宋名臣，他是唐朝宰相范履冰的後代。他年幼喪父，年輕時便立志向學，頗有名氣，被晏殊提拔，後來受到皇帝的賞識。仁宗時官至參知政事，西夏李元昊叛亂時，范仲淹奉旨調到延州（今陝西延安附近）與韓琦共同擔任陝西經略安撫招討副使，進龍圖閣直學士，協助主帥夏竦平定叛亂。范仲淹在軍中號令嚴明，使西夏人不敢來犯，羌人稱他爲「龍圖老子」，西夏人稱他爲「小范老子」。皇祐四年在徐州病逝，享年六十四歲。贈兵部尚書，諡號「文正」。

釋評

人的才能是會跟隨年齡而有所變化的，年幼愚笨不代表長大也會愚笨；年幼聰明不代表長大也會聰明；年輕時沒有成就，不代表一輩子就碌碌無所作爲。同樣的，人處於富貴窮通的情勢，也是會跟隨社會環境的改變而有所變化，而不是一成不變的。而此處所要討論的是，不同資質才能的人，處於富貴或窮通的情勢的應對也會有所不同。

上等資質才能的人，無論他所處的情勢如何改變，他是得勢或失勢，都依舊能保有他堅定的心智，不會因爲有錢有勢就耽於逸樂、驕縱奢侈，能依舊保有勤勞節儉與謙遜謙卑的美德；也不會因爲他貧窮困頓，就爲了生活而妥協，做一些違背良心犯法的事情。這種人是儒家理想中的君子，非常少人能夠做到。

中等資質才能的人，則是會因爲外在環境的改變，而影響他待人接物的處世態度。富貴發達的時候，他會運用自己的財富與權勢，替自己囤積更多的錢財，例如：有錢人懂得投資理財，將原有的財富擴充成原本的好幾倍。這種人，在別人需要的時候，可以提供金錢上的幫助；有困難的時候，也可以動用自身的關係幫他解決。受到他幫助的人，都會對他感恩載德，四處去宣揚他的美德，所以這樣的人可以名利雙收，在社會上是成功人士的表率。在貧窮困頓的時候，因爲沒有財富權勢，想要幫助別人也力猶未逮，不僅自己無法自給自足，甚至對親朋好友應盡的道義與義務都無法做到，所以受到別人的批評與指責也日益增多，即便他們也沒有犯下什麼重大的過失，卻仍然要被社會大眾給唾棄、遺忘。

名人佳句

富貴不能淫，貧賤不能移。

這句話是戰國時代孟子所說的，摘錄自《孟子．滕文公下》，這句話的意思是說：「金錢與權勢不能讓他變得驕縱奢侈，貧窮卑賤也不會改變他高潔的操守。」真正的君子在發跡顯貴時，依然勤勞節儉、待人謙遜有禮；在貧困卑賤的時候，也能安於貧窮，不改其志向操守，就像是范仲淹這樣的人物，就是這句話最典型的詮釋。

原文

故世有侈儉，名由進退。天下皆富，則清貧者雖苦，必無委頓之憂，且有辭施之高，以獲榮名之利。皆貧，則求假無所告，而有窮乏之患，且生鄙吝之訟。是故鈞材而進，有與之者，則體益而茂遂。私理卑抑，有累之者，則微降而稍退。而眾人之觀，不理其本，各指其所在，是疑於申壓者也。

譯文

所以說，世俗的人或奢侈或節儉，外在的名聲跟隨得勢或失勢而有所變化。在天下人都很富有的時候，貧窮的人雖然過得很苦，卻無窮困饋乏的憂慮，甚至有些人自命清高，不屑接受別人的施捨，藉此博得美名。在天下人都很貧窮的時候，就會有求借無門的情況發生，而導致陷入三餐不繼的窘境，且會因爲過份吝嗇施予錢財而產生財務糾紛。因此，相同資質才能的人，若能得到上司的提拔與幫助，則能獲得成功。反之，若被上司因爲私心偏袒而打壓，又被親友拖累，就會導致職位被降低貶黜。一般人在考察人才時，不去詳細探究一個人職位上升與貶抑背後的原因，只根據他目前的社會地位或職務高低而予以評價，這是由於忽略被提攜與打壓的分別而產生的困惑。

事典

受到提拔才得以顯貴的韓信

韓信是漢初三大名將之一。在他還是個平民百姓時，家境非常清貧又沒有高尚的品行，無法被地方上推舉做官；又沒有經商的頭腦，不能做生意賺錢。只好時常去朋友家白吃白喝，常常被人嫌棄。

有朋友對他說：「你來我家吃一兩頓飯還可以，可若是長久下去，我恐怕不能接濟你。」韓信問：「爲什麼？」朋友說：「秦朝暴政，弄得民不聊生，我家雖然稍微富裕些，可是也經不起養你這麼一個白吃飯的閒人，不是我吝嗇，而是我也有我的難處，希望你能體諒。」韓信很知趣的離開了，後來他去南昌亭長家住宿吃飯。（秦漢時，劃分十里爲一亭，每亭均設有亭長，負責治安警衛。）韓信在亭長家一住就是好幾個月，亭長的妻子很討厭他，想要趕他走又不方便開口，就在清晨的時候煮好飯端到床上去吃。吃飯的時候韓信剛好前去，她故意不替他另外準備飯食。韓信知道她的意思，於是很生氣的拂袖離去。

韓信在淮陰城下釣魚，看到許多漂洗棉絮的婦女，其中一位婦人見他肚子餓，就好心的拿飯給他吃，那名婦人一連漂洗了十天，這段期間每天都拿飯給他吃。韓信很高興，就對這位婦人說：「我將來若是飛黃騰達了，一定會好好的報答妳的。」婦人聽了這話，很生氣的說：「你堂堂七尺男兒卻得仰賴他人供給食物過活，我只是可憐你一個韓國落魄的貴族罷了，才給你一口飯吃，哪裡是想要你報答我呢？」

韓信貧窮經常被人看不起，有一天他背著一把長劍外出，有一個小混混對他出言不遜說：「你雖然體格壯碩，喜歡背著刀劍，骨子裡卻是個懦夫。」旁邊圍觀的人就跟著起鬨說：「你如果不怕死的就，就拔劍刺我；否則就從我胯下爬過去。」韓信看了那人一會兒，就彎下腰趴在地上，從他的胯下鑽過去。

當時推翻秦朝暴政後，天下局勢陷入楚漢相爭的局面，四處在招攬人才，韓信就去投軍參戰。他原本投入西楚霸王項羽的麾下，因爲不受重用，就轉投劉邦軍中。蕭何和他聊過之後，覺得他是個軍事奇才，就將他推薦給劉邦。有人勸阻蕭何說：「韓信這個人家境貧窮，而且胸無大志，時常仰賴朋友的接濟而活，這樣的人丞相怎麼能重用他呢？」蕭何回答說：「看一個人怎能只看表面呢？他現在雖然貧困，不代表他就是個沒有才幹的庸俗之輩，他只是沒有遇到懂得欣賞他的人提拔舉薦他而已，我相信我向大王舉薦他之後，他一定能一展長才，以後封侯拜將也未可知。」

後來，劉邦在韓信、蕭何等人的協助下，成功打敗西楚霸王項羽，建立漢朝，韓信被封爲楚王。韓信回到原本的國家，將以前曾經接濟過他的那位漂洗棉絮的婦人找來，當面感謝她，並贈予她千金。婦人說：「以前看見楚王時，就覺得您氣宇軒昂，將來是要做一番大事的人，我因爲惜才所以才接濟您，想不到您今日果然得以顯貴，證明我當日沒看錯人。」

人物

項羽，本名項籍。字羽，秦末下相人（今江蘇省宿遷縣）。生於西元前二三二年，卒於西元前二〇二年。力大無窮，善於打仗，與叔父項梁起兵吳中，一同加入推翻秦朝暴政的行列。項梁戰敗而亡，項籍繼任爲將領，大破秦軍，自立爲「西楚霸王」，與漢王劉邦爭奪天下，原本勝券在握，卻因爲不懂得任用賢臣，後來被陳平用反間計離間而去，使得項羽孤立無援，最終戰敗，在烏江自刎。

釋評

絕大部份的人，在評價一個人的資質才能時，都只根據他目前的社會地位與職務高低去做論斷，而忽略導致他處在目前職務地位的背後原因。如此一來，在辨識人才時，很可能會錯把庸才當成良才；或者把良才錯當成庸才。舉個例子來說：一個人他的資質平庸，但因父母位居高官，就能提拔他去擔任一個不錯的職務；反之，一個人才能出類拔萃，卻因爲得罪高層人員，而被打壓忽視，導致他無法獲得升遷，甚至被降職。這個時候，若只從當前的職務地位去評價論斷一個人，就會陷入忽略被提攜與打壓的分別而產生的困惑。

所以，我們在辨識人才時，不能被他當前的職務地位給蒙蔽，而要將這個人的成長背景、生活環境、人際關係等因素考量進去，且還要放下對他當前的職務地位的成見，才能全面的評估這個人究竟是良才或庸才？

名人佳句

君子不以言舉人，不以人廢言。

這句話是春秋時代孔子所說，出自《論語‧衛靈公篇》，意思是說：「君子不會因為一個人能言善道就舉薦他，也不會因為一個人品行不端正而不採納他的話。」君子是不會被偏見蒙蔽雙眼，而能看清楚一個人的本質。能言善道的人，如果動機不單純、品德有缺失，那麼即便他說的話再動聽，君子也不會因為這樣就舉薦他；一個人即便品行不端正，但假若他出發點是善的，那麼他說的話也可以採納。如果能以這樣的態度選拔人才，才是公正客觀的。

原文

夫清雅之美，著乎形質，察之寡失。失繆之由，恒在二尤。二尤之生，與物異列。故尤妙之人，含精於內，外無飾姿；尤虛之人，碩言瑰姿，內實乖反。而人之求奇，不可以精微測其玄機，明異希。或以貌少爲不足，或以瑰姿爲巨偉，或以直露爲虛華，或以巧飭爲眞實。是以早拔多誤，不如順次。

譯文

清高脫俗的氣質之美，表現在外貌形體之上，以此來觀察人才很少會看走眼。會看走眼的原因，是出在尤妙與尤虛這兩種人之上。二尤的產生與一般人都不相同。所以，尤妙的人，氣韻精神含藏於內，外表沒有任何的裝飾；尤虛的人，言詞浮誇，穿著鮮豔，實際上胸無點墨。而人在辨識人才時，往往追求標新立異，而不去深究人的本質內涵，了解他之所以獨特的原因。或者因爲他的容貌粗鄙醜陋就覺得他才能不足，有的人把俊美的容貌當作超群不凡，有的人把直言坦率當作空虛浮華，有的人把巧妙僞裝當作眞情流露。所以過早的提拔人才容易產生判斷上的錯誤，還不如按照正常的程序進行選拔。

事典

其貌不揚卻腹有才華的張松

張松是東漢末年劉璋的屬下，他長得很矮，容貌醜陋，行爲放蕩不羈，不重視節操，但是卻見識過人，頗有才幹。

劉璋派他前去拜見曹操，曹操因爲他長得醜所以對他不甚禮遇。主簿楊修卻很欣賞他，有一次，楊修舉辦宴會，邀請張松前往，在宴席上，楊修把寫好的兵書給張松過目，張松只看了一遍就能背誦，楊修從此對他刮目相看。楊修就向曹操舉薦張松，曹操卻說：「張松這個人我見過，長得其貌不揚，想必也沒有什麼才幹，又何必招攬他呢？」楊修就說：「怎麼能以一個人的容貌美醜，來判斷他的才能高低呢？容貌的美醜並不會影響一個人的才幹高低，我曾經在宴會上見過他過目不忘的本領，他如果眞是草包，那又如何能做到呢？」但最後曹操並沒有聽從楊修的建議任用張松。

人物

張松，字子喬，東漢末年蜀郡成都（今四川）人。生年不詳，卒於西元二一二年。爲益州牧劉璋的屬下，是智慧超群的謀臣。

釋評

在辨識人才時，容易被外表容貌所蒙蔽，而導致無法準確的掌握一個人的內在精神氣質。

劉邵將人才分爲兩種：一種是尤妙，這種人將滿腹的才華與高妙的神韻含藏於內，使人在外表上看不出來，而這種人往往厭惡華麗的穿著打扮，所以穿著樸素，容易被人誤解爲平庸之輩。另外一種是尤虛，沒有眞才實學、胸無點墨，所以只能把自己裝扮得光鮮亮麗，以浮誇空泛的言詞吸引別人的注意，這種人乍看之下給人一種耳目一新的感覺，令人誤以爲他是個人才，導致判斷錯誤。

名人佳句

以貌取人，失之子羽。

這句話出自東漢王充撰寫的《論衡》，意思是說：「以外表相貌來評斷一個人的才華，就會失去像子羽這樣的人才。」子羽指的是孔子弟子澹臺子羽。有傳聞說孔子品鑑這個人，曾因只聽到鄭國人對子羽的評價，就誤信傳聞，以為子羽其貌不揚，無可取之處，而差點錯失了子羽這個人才。後世以這句話比喻，以外表相貌來評價一個人的氣質內涵，是不恰當的，因為人的才幹是需要長期觀察他的表現才能評斷，如果只因為相貌美醜就輕易對一個人的價值下定論，很容易就會錯失人才，造成遺憾。

原文

夫順次，常度也。苟不察其實，亦焉往而不失？故遺賢而賢有濟，則恨在不早拔；拔奇而奇有敗，則患在不素別；任意而獨繆，則悔在不廣問；廣問而誤己，則怨己不自信。是以驥子發足，眾士乃誤。韓信立功，淮陰乃震。

譯文

按照正常程序選拔人才，才符合常規法度。如果不能了解人才的內在本質，又怎麼保證不會有看走眼的情況發生呢？因此，當我們遺漏賢才而賢才功成名就時，就會暗自悔恨爲何不早點提拔他；提拔奇特的人才而奇才辦壞事情，就會責怪自己爲何不預先識別；專斷獨裁、一意孤行，就會後悔爲何當初不廣泛聽取眾人的意見；廣泛聽取眾人的意見卻耽誤自己的決斷，就會埋怨爲何不對自己多點信心。所以當良馬奮蹄狂奔展現馬力時，眾人才發現自己識馬有誤。等到韓信建功立業時，淮陰的百姓才對他刮目相看。

事典

有千里馬之才的龐統

龐統是東漢末年人，字士元。當時人將他與諸葛孔明並列，稱龐統爲鳳雛，孔明爲猋龍，兩人均是當時傑出的謀士。龐統年輕的時候，看起來老實愚鈍，沒有人看出來他是個有才幹的人。當時有個叫司馬徽的人，他獨具慧眼，懂得品鑑人的氣質才能，龐統二十歲的時候，前往拜見他。司馬徽在樹上採桑，龐統坐下樹下，兩人從白天一直聊到深夜。司馬徽覺得他和一般的讀書人很不一樣，認爲他應當是南州讀書人之中的翹楚，從此才有人逐漸注意到龐統。

劉備統領荊州時，有人向劉備推薦龐統，由於龐統之前並無做官的經驗，劉備對他的才能也不甚了解，就讓他嘗試擔任耒陽縣令，由於治理得不好，不久就被罷免了。劉備對親信說：「我以爲龐統有什麼過人的才華，沒想到也只是個平庸之輩，連一個小小的縣都治理不好，還如何擔當大任呢？」這話傳到東吳將領魯肅的耳中，魯肅就寫信給劉備說：「龐士元是有大才幹的人，讓他治理百里的小地方無法顯現出他的才華，若是讓他擔任治中、別駕這種層級較高的職務，才會展現他傑出的才能。」諸葛孔明對劉備說：「龐士元是那種外表老實敦厚，腹中足智多謀的人才，世人都以貌取人，所以很少人眞正了解他的才華，主公何不召見與他詳談，就知道臣所言非虛。」劉備聽從諸葛孔明的建議，召見龐統，與他深談一番後，非常器重他，就任命他爲治中從事。劉備對他的信任僅次於諸葛孔明，他就與諸葛孔明一起擔任軍師，諸葛孔明留守荊州，龐統跟隨劉備進入蜀地。

益州牧劉璋與劉備在涪地會面，龐統就獻計說：「趁這次見面的機會，就把劉璋擒捉起來，如此一來，主公不費一兵一卒就能平定一個州。」劉備說：「我們剛剛進入別國的領地，恩威信義都還沒樹立，如此作法將會失去民心，不可以這樣做。」劉璋返回成都後，劉備準備北上討伐劉璋出兵漢中，龐統向劉備建議說：「暗中挑選精兵，日夜兼程，直接攻打成都；劉璋本人並不勇武，平常又疏於防範，我軍忽然前往，一舉就能平定益州這是上策。」劉備認爲這個辦法不好，龐統又說：「楊懷、高沛，這兩個人是劉璋的名將，各擁重兵，他們一向仰慕主公您的威名，曾多次上表章向劉璋建議打發您返回荊州。主公您派人去通知他們，荊州有變，您要回去防守，裝作整頓離去的樣子，他們知道了一定欣喜，必定會前來拜見，到時候主公只要趁機捉住他們，奪取他們的軍隊，然後出兵成都，這是中策。」劉備聽了之後，覺得可行，就同意了龐統的中策，成功擒捉了楊懷與高沛，然後攻打成都，所到之處全部攻克。劉備在慶功宴上稱讚龐統說：「以前別人向我稱讚先生的才華，我還不太相信，後來孔明對我說你的確頗有才幹，今日一見果然不錯，我們這次能打勝仗，全仰賴先生的智謀。」龐統說：「這是臣的本份，不敢居功。」

後來進軍包圍雒縣時，龐統中箭身亡，享年三十六歲。劉備得知此事後，感到十分心痛，每次跟人說起龐統就傷心得落淚。

人物

龐統，字士元。生於西元一七九年，卒於西元二一四年。東漢末年襄陽郡襄陽縣（治所在今湖北省襄陽市襄州區）人。劉備的謀臣之一，劉備召龐統爲治中從事，與諸葛亮並爲軍師中郎將，輔佐劉備攻取蜀地。

釋評

人的才能是需要長時間的觀察才能透徹了解，如果只是看到某一方面的表現，就斷定他是良才或是庸才，那麼很容易會有看走眼的情況發生。所以，我們往往就處在不斷的後悔之中，當我們錯失賢才時，就怨恨自己爲什麼不早點慧眼識英雄；當我們錯認賢才時，等到他把事情辦砸了，才來埋怨自己爲何當初識人不清。

韓信原本只是一個平民百姓，沒有什麼聲望，地方上的小混混看不起他，還當眾羞辱他，等到他輔佐漢高祖劉邦建立漢朝後，淮陰地方的百姓才知道他是個有才幹的人。因此，識別人才是需要長時間去觀察，切記不可急躁。

名人佳句

世有伯樂，然後有千里馬。千里馬常有，而伯樂不常有。

這句話是唐代韓愈所說的，摘錄自《馬說》，意思是說：「世上有懂得識馬的伯樂，才有千里馬。千里馬經常出現，但伯樂卻很少見。」千里馬比喻傑出的人才，伯樂比喻懂得品鑑人物的人。要有懂得品鑑人物的人，才能看出千里馬與普通馬的區別，否則在尋常人眼中，即使是千里馬也與普通馬無異；即使是傑出的人才，若無懂得品鑑的人，在尋常人眼中也只不過是普通人而已。傑出的人才並不少見，但我們之所以覺得傑出的人才稀少，是因為懂得觀人的伯樂人太少，所以才覺得頂尖的人才難覓。就如同龐統，如果不是司馬徽獨具慧眼，覺得龐統是個人才，估計也與其他人一樣被埋沒了。

原文

夫豈惡奇而好疑哉？乃尤物不世見，而奇逸美異也。是以張良體弱，而精彊爲衆智之雋也。荊叔色平，而神勇爲衆勇之傑也。

譯文

難道是人們厭惡出類拔萃，而喜歡選擇那些才能不確定是否出眾的人嗎？推測其中的緣故，是因爲那些才智超群的人世所罕見，他們的奇特俊毅的才能很少能夠被人認識。所以，張良體弱多病，並不影響他的精明能幹，成爲智謀家中的才俊。荊軻面色平和，但他的神勇是武士中最傑出的。

事典

體弱多病卻足智多謀的張良

張良是漢高祖劉邦的開國功臣之一，年輕時曾散盡家財聘請刺客，行刺秦始皇失敗，躲到下邳這個地方。

有一日，張良外出散步，走到一座橋上，看到一個老先生穿著粗布短衣，走到張良面前，把鞋子丟到橋底下，回頭對張良說：「小子，去幫我把鞋子撿回來！」張良覺得很錯愕，想要打他一頓。但看他是個老人，只好忍住怒火，勉爲其難的走到橋下幫他把鞋子撿回來。老先生說：「幫我穿上！」張良想說索性好人做到底，就跪坐在腳跟上幫他穿鞋。老人把腳伸長讓他穿上，便著笑離開。張良原以爲老人是惡作劇，見到他的表情感到很驚訝，目送著老人離去。老人走了沒多遠，又折回來，對他說：「你這孩子値得教。五天後清晨，在這裡等我。」張良覺得很奇怪，不自覺跪下應：「是。」五天后清晨，張良依約前往。老人比他先到，生氣的說：「和老年人約定時間見面，你這年輕人反而比我這老頭子還晚來，這像話嗎？」老人說完就頭也不回的走了，留下一句話說：「五天後清晨再見。」五天後，雞剛啼叫，張良就前往。老人又比他早到，又生氣地說：「你爲什麼又遲到？」於是又走了，臨走時說：「五天后再早點來。」五天後，張良還沒到半夜就動身前往。不久，老人也到了，高興地說：「這樣才算準時。」他拿出一卷書，對他說：「讀了這本書，就能做帝王的老師。十年以後你將會得志，十三年後你小子到濟北來見我，谷城山下黃石的就是老夫。」說完便離去，沒有交代別的話，張良再也沒見到他。張良等到天亮，觀看那本書，才發現原來是《太公兵法》。張良覺得它不是普通兵書，時常學習誦讀，因此熟悉了兵法謀略。

十年後，陳涉等人起兵抗秦，張良也召集一百多名青年壯士要響應他。楚國的公族景駒在留縣自立為楚假王，張良本想前往投奔他，在半途中遇到了劉邦。沛公帶領幾千人，攻佔下邳以西之地，張良最終選擇追隨了劉邦。劉邦拜張良為廄將。

張良多次把《太公兵法》講給劉邦聽，劉邦很賞識他，經常採用張良的計策。劉邦的麾下將領很不服氣，在他面前說張良的壞話：「張良長得如同女人一樣，一點大丈夫的氣概都沒有，而且時常體弱多病，也不能上戰場殺敵打仗，就算他的謀略再精妙，也只不過是紙上談兵罷了。」劉邦搖頭說：「此言差矣！自古以來天賦異稟的奇人異士，外表看起來都平平無奇，你怎麼能以貌取人呢？我是要做一番大事業的人，只要是能幫助我的，我一律都採用，至於他相貌美醜或是身體健康狀況良好與否，都不會影響到他這個人的才能，我為什麼要因小而失大呢？」劉邦沒有聽從將領的話，對張良信任有加。張良因為體弱多病，未曾單獨領兵作戰，只時常跟在劉邦的身邊替他出謀劃策。

楚漢相爭時期，項羽率領的楚軍把漢王劉邦圍困在滎陽，劉邦日夜憂慮惶恐，與酈食其想對策要瓦解項羽的勢力。酈食其說：「陛下何不效法武王伐紂，將他的後裔分封在宋國。秦朝背信棄義，侵佔諸侯國的土地，讓他們的後代沒有立足之地。陛下如果能夠恢復冊封六國的後代子孫，使他們都接受陛下的印信，這樣各國的君臣百姓必定都會感戴陛下的恩德，沒有人不嚮往欽慕陛下的仁義，願意為陛下效忠。先施行仁義於六國遺民，再討伐南方的楚國，何愁項羽不向陛下稱臣？」劉邦覺得這個計策很好，就讓酈食其趕緊實行，這時張良剛好從外地回來拜見劉邦。

劉邦正在吃飯，說：「子房上前來！有位門客爲我獻計可以瓦解楚國勢力。」劉邦把酈食其的計謀告訴張良，說道：「子房覺得如何？」張良說：「這個主意是誰出的？陛下的大事要完蛋了。」劉邦說：「此話怎講？」張良回答說：「那些有才幹的賢士，之所以離開它們的故鄉，告別他們的親人，前來追隨陛下，是因爲他們希望能獲得自己的封地。現在陛下恢復六國，立韓、魏、燕、趙、齊、楚的後代，天下間的賢士各自回去服侍他們的舊主，陪伴他們的親人，回歸故土，陛下要與誰一起奪取天下呢？況且如今只有楚國強大，復立的六國後代又屈居於楚王的淫威之下，紛紛依附於他，那陛下如何能使他們臣服？眞的採用這條計謀，以後將無陛下的立足之地。」劉邦聽了，驚得食物都忍不住吐了出來，罵道：「這個書呆子，我的大事差點毀在他的手上！」

人物

酈食其，生於西元前二六八年，卒於西元前二〇四年。陳留高陽（今河南開封杞縣西南）人，喜歡飲酒，自稱「高陽酒徒」，是漢高祖劉邦的謀臣之一。酈食其成功勸降陳留秦軍，這件事之後劉邦封他爲廣野君。後來劉邦意欲攻打齊國，下令要韓信攻城，迅速消滅齊軍主力，齊王田廣要酈食其勸韓信退兵，遭到拒絕而被田廣烹殺。

釋評

我們在識別人才時，之所以會有看走眼的情況發生，是因爲特別出類拔萃的頂尖人才，往往外貌與常人無異，而我們在選拔人才時，往往會被他們的外表所迷惑而錯失人才。例如：張良的智謀計策，在一眾謀士中脫穎而出，可是他的長相如同婦人女子，加上他體弱多病，所以我們容易誤以爲他是平庸之輩；荊軻面色平和，看起來平淡無奇，令人想不到的是，他的勇武卻是許多勇猛之士都比不上的。我們容易被人的外表所迷惑，是因爲我們容易被第一印象誤導，而容易被第一印象誤導的原因，是我們對於這些出類拔萃的俊才認識得不夠，所以才會容易產生謬誤。

名人佳句

夏蟲不可以語於冰。

這句話出自《莊子．秋水篇》，意思是說：「生於夏天的蟲不能告訴牠冬天的嚴寒，因為牠無法瞭解。」夏天的蟲無法瞭解冬天的寒冷，是為牠生命有限，無法活到冬天，所以無法瞭解。在觀人時也是一樣，我們容易受到自身認識的限制，對於那些有特殊才能的奇異之士，因為稀少，所以我們對他們所知甚少，容易只憑外貌與外在表現來判定一個人才能的高低，這是由於品鑑人才的人自身認識受到限制所致，由於夏蟲永遠無法瞭解冬天的寒冷一般。

原文

然則儁傑者，衆人之尤也；聖人者，衆尤之尤也。其尤彌出者，其道彌遠。故一國之儁，於州爲輩，未得爲第也。一州之第，於天下爲根。天下之根，世有優劣。是故，衆人之所貴，各貴其出己之尤，而不貴尤之所尤。

譯文

俊逸傑出之輩，是眾人中獨特出色的人物；聖人之輩，是一眾獨特出色人才中的翹楚。一個人的才能越是突出，他所能達到的成就越是難以估計。所以，一個郡國中的傑出人才，在一個州的轄區內就如雨後春筍般先後出現，就顯不出有什麼特別的了。一個州能排上名次的人才，在天下的排行中也是稀鬆平常。就算是在全國的排行中算得上出色的人才，與歷史上傑出的人才相比也會有優劣高下之分。因此，一般人重視的也只是比自己稍微優秀的人才，而不重視那些天賦異稟之才。

事典

勇於刺秦王的荊軻

荊軻是戰國時代的衛國人，他喜歡讀書、舞劍。他憑著劍術遊說衛元君，等他退出後，衛元君對親信說：「荊軻這個人喜歡讀書，氣質像個讀書人，既沒有壯士的魁梧，也沒有武者雄赳赳氣昂昂的氣勢，他自以爲劍術高超，想要來投靠我，我看他在劍術上的造詣未必出眾。」於是就沒有任用他。

荊軻四處遊玩，途經榆次這個地方，與當時著名的俠客蓋聶談論劍術，蓋聶對他怒目而視。荊軻離開以後，有人勸蓋聶說：「荊軻的外貌雖然像個讀書人，但是劍術超群，勇猛無雙，就這樣讓他走也未免太可惜了，不然就再給他一次機會吧！」蓋聶說：「剛才我和他談論劍術，他說得有些不恰當的地方，我以眼神瞪他，他知道我的意思便走了；既然你這麼稱讚他的才能，那就去找找看，他應該已經走了。」蓋聶派人到荊軻住處詢問，荊軻早已駕車離開榆次。派去的人回報這件事給蓋聶知道，他說：「我剛才那樣用眼睛瞪視他，他本就該走了。」

後來蓋聶的朋友們私底下議論這件事，說：「蓋聶是當世俠客中最傑出的人，那個叫荊軻的雖不如他有名望，可是劍術也不差。我猜想蓋聶之所以挑他劍術上的毛病，應該是無法容忍劍術高出他太多的人吧！正是因爲荊軻劍術太過傑出，所以才會被蓋聶瞪視。」

荊軻來到燕國後，和高漸離走得最近，高漸離雖然是以宰殺狗爲生的屠夫，但他卻也愛好音律，經常敲擊演奏和琴相似的樂器「筑」。荊軻喜歡喝酒，每天都和高漸離在燕國的市集上喝酒，喝得酒酣耳熱之際，興致來了的時候，高漸離就演奏筑，而荊軻就跟著拍節唱歌，兩人互相取樂，彈唱一番後又相擁哭泣，就像旁邊沒有人的樣子。荊軻雖說混在酒徒中，可以他的爲人卻深沉穩重，喜歡讀書；他遊歷過的諸侯各國，都是與當地賢士豪傑德高望眾的人相結交。他到燕國後，燕國隱士田光先生也友好地對待他，知道他不是平庸的人。

燕國的太子丹，收留了秦國叛逃將領樊於期，此舉引來秦王不滿，加上秦國已經開始併呑諸國的行動，輪到燕國是遲早的事，太子丹想要刺殺秦王，以絕後患，就去求助田光先生。經由田光先生的引薦，太子丹結識了荊軻，太子丹對荊軻說：「秦國貪婪，已經開始逐漸併呑諸侯國，很快就要輪到燕國了。我有一個計策，需要天下最勇猛的勇士去替我達成，若能劫持秦王，逼迫他歸還被秦國併呑的土地，就眞是太好了。如果眞的不行，那至少也要能刺殺他，使他不能在迫害其他國家。這個艱鉅的任務，除了荊卿你，我再也沒有更好的人選可以託付了。」過了好一會兒，荊軻才說：「這是國家大事，我學藝不精，劍術低微，恐難當大任。」太子丹上前向他叩頭，再三請求，荊軻這才答應。太子丹就尊奉荊軻爲上卿，住進高級的旅舍。太子日日前往探望，提供豐盛的食物，獻上奇珍異寶，車馬美女任由荊軻挑選，以求合他的心意。

過了很久，荊軻遲遲沒有行動。這時，秦國大將王翦已經攻破趙國的都城，俘虜了趙王，併吞了趙國的土地。秦軍已經來到燕國南部邊界，馬上要攻打燕國。太子丹心中恐懼，就請求荊軻說：「秦國軍隊攻打燕國是遲早的事，就算我想要長久地招待你，又如何可能呢！」荊軻說：「太子就算不發話，臣也要請求行動了。只是現在前往秦國，無法取信秦王，就沒辦法接近他。現在秦王重金懸賞樊將軍，如果能帶著他的首級和燕國督亢之地的地圖，進獻給秦王，秦王一定會願意接見臣，臣就有了接近秦王的機會，才能報答太子對臣的知遇之恩。太子丹說：「樊將軍窮途末路才來投奔我，我不忍心爲了一己私利而傷害他，希望你再想想別的辦法。」

荊軻知道太子丹仁慈，就私下會見樊於期，對他說：「秦國對待將軍太過殘酷了，您的父母、親族都被殺盡。如今聽說以黃金千斤、封邑萬戶，懸賞將軍的首級，您有什麼打算呢？」樊於期仰天嘆息，流著淚說：「我每每想到此處，就痛心疾首，卻想不出什麼對策！」荊軻說：「我有個辦法既可以解除燕國的禍患，又能替將軍報仇，您以爲如何？」樊於期問：「是什麼辦法？」荊軻說：「希望將軍能爲刺殺秦王的大業獻出性命，將您的首級交給我，讓我獻給秦王，如此一來，定能取信於秦王，秦王一高興就會召見我，到那時我就有機會接近並刺殺他，如此一來不僅能替將軍您報仇，連燕國被欺淩的恥辱也能洗刷，這一舉兩得的事情，不知將軍意下如何？」樊於期扯掉一邊的袖子，露出臂膀，用左手握住右手腕，表示他不畏懼死亡的決心，向荊軻說：「這是我刻骨銘心，咬牙切齒的仇恨，今天聽您這一番話我才頓然醒悟！」說完就自刎而死。太子丹聽到這個消息，駕車疾馳前去，他趴在屍體上痛哭流涕，非常悲傷。但事已至此，也只能把樊於期的首級裝到匣子裡與藏了匕首的地圖一起密封起來交給荊軻。

太子丹還尋找天下間最鋒利的匕首，得知這把匕首在趙國徐夫人的手中，就花了百金買下，命工匠用毒水浸泡，找活人試驗，只要流一點血，就會立刻身亡。於是就準備行裝，送荊軻出發。太子親自送荊軻到易水岸邊，高漸離也擊筑親自爲他餞別，大家很十分哀傷悲壯。荊軻抱著必死的決心離開燕國，前往秦國。

一到秦國後，荊軻就帶著價值千金的禮物，厚贈秦王寵幸的臣子蒙嘉。蒙嘉替荊軻在秦王面前說好話，道：「燕王懼怕大王的威嚴，不敢出動軍隊抵抗大王的將士，願投降做秦國的臣子，比照其他諸侯國排列其中。已砍下樊於期的首級並獻上燕國督亢地區的地圖，裝匣密封。並派遣使臣前來，表示投降臣服之意。」秦王聞訊，非常高興，就穿上了朝服，安排了外交上極爲隆重的禮儀，在咸陽宮召見燕國的使者。荊軻捧著樊於期的首級，跟隨他前來的秦舞陽捧著地圖匣子，一前一後走進入宮殿，兩人走到殿前臺階下時，秦舞陽突然臉色慘白，全身發抖，大臣們都感到奇怪。荊軻回頭朝秦舞陽笑了一下，上前謝罪說：「我這位隨從是從蠻夷之地來的，見識淺薄，沒有見過天子，所以被大王的氣度給震攝到。希望大王能夠體諒他，讓他能夠完成自己的使命。」秦王對荊軻說：「呈上舞陽拿來的地圖。」荊軻取過地圖獻上，秦王展開地圖，圖卷展到盡頭，露出一把匕首。荊軻趁機用左手抓住秦王的衣袖，右手拿匕首刺殺秦王。未近身，秦王嚇得抽身跳起，衣袖被砍斷。秦王慌忙拔起長劍，一時情急，只抓住劍鞘，劍身拔不出來。荊軻追著秦王，秦王繞柱奔跑。大臣們都嚇得目瞪口呆，沒想到會有刺客在大殿上行刺，各個都驚慌失措，不知該如何是好。按秦律，殿上侍從大臣不允許攜帶武器；各位侍衛武官配有刀劍守在殿外，沒有詔命，不得進殿。正當危急時刻，來不及傳喚候在殿外的侍衛，所以荊軻能肆無忌憚的追殺秦王。倉促之間，秦王驚慌失措，只能赤手空拳和荊軻搏鬥。這時，侍從醫官夏無且用他所捧的藥袋朝荊軻擲去。正當秦王繞著柱子跑，倉猝狼狽的時候，左右侍從喊道：「大王，把劍推到背後！」秦王聽他們的話照做，才拔出長劍攻擊荊軻，砍斷他的左腿。荊軻殘廢，就拿起匕首朝秦王擲去，沒有擊中，只擊中銅柱。秦王接連攻擊荊軻，荊軻被刺傷八處。荊軻知道刺殺失敗，就靠在柱子上大笑，坐在地上罵道：「我之所以失敗，是因爲我想活捉你，逼迫歸還併吞諸侯國的土地，以報效太子對我的知遇之恩。」這時侍衛們衝上前來將荊軻殺死。

荊軻過去曾遊於趙國邯鄲，與趙國人魯句踐有過爭吵，這時魯句踐聽到街頭巷尾在談論荊軻刺殺秦王的事情，也嘆息說：「唉！太可惜啦，他空有勇猛卻不擅長刺殺之術啊！可惜這麼好的一個人才啊！」

秦王則爲此大發雷霆，增派軍隊前往趙國，命令王翦的軍隊去攻打燕國，不久將薊城攻下。燕王喜、太子丹等人率領著精銳部隊退守遼東。秦將李信在後追趕。燕王十分急迫，代王嘉就寫信給燕王喜，建議他殺掉太子丹，以平息秦王的怒氣。燕王喜聽從代王嘉的計策，把太子丹殺掉，還來不及把他的頭給秦王，秦王又發兵攻打燕國，五年後滅掉了燕國，俘虜了燕王喜。後來，秦國併吞了六國，一統天下。

人物

荊軻，生年不詳，卒於西元前二二七年。字公叔，戰國時代衛國人。喜歡讀書舞劍。燕王喜二十八年，爲報燕太子丹知遇之恩，帶著夾有匕首的地圖和秦將樊於期的首級進入秦國，進行刺殺秦王的任務，最後失敗被殺。

釋評

一般人所重視的人才，只是那些資質才能稍微高出他們一點的人；而那些天賦異稟的聖人，往往是被忽略的。這並非是說天賦異稟的人，比不上資質才能稍微出眾的人，而正是因爲他們的才能太過出類拔萃，很難被人們認識到，所以才會被忽略。就像是一個鄉里中傑出的人才，到了城市裡就顯得平平無奇，因爲像他一樣出眾的人實在太多。鄉里因爲人少，偶爾出了幾個才能稍微出眾點的，就被大家視若珍寶；到了大城市，連名次都排不上；「於天下爲椳」（椳，讀作偎，即門臼）意思便是與全天下的人才相比，這些人就像是家戶戶都有的門臼那樣普通。

名人佳句

風蕭蕭兮易水寒，壯士一去兮不復還！

這句話出自司馬遷《史記·刺客列傳》，意思是說：「風在耳邊呼嘯，寒冷的易水河啊！英勇的壯士這一去再也不回來囉！」荊軻出發前往秦國刺殺秦王時，燕國太子丹與他的門客前去送行，連荊軻的好友高漸離也敲擊的樂器替他送別，這是他們臨行時唱的歌謠。荊軻為了報答燕太子丹的知遇之恩，前去秦國刺殺秦王，這一去抱著必死的決心，充分展現了一名俠客的英勇，與赴死前的慷慨悲壯。像荊軻這樣劍術高超的俠客在歷史上並不少見，但是他堅決赴死的決心，卻是在俠客中難能可貴的，這因為如此，才使得他的英勇在一眾武士俠客中脫穎而出。而像他這樣具有出類拔萃才能的人，在當時代實在太罕見，再加上他的長相沒有什麼突出的地方，很容易就被人給忽略，幸好遇到田光先生慧眼識英雄，將他推薦給太子丹，才讓他有一展長才的機會。

國家圖書館出版品預行編目資料

觀人經／劉邵著，曾珮琦譯註. -- 初版. -- 臺中市：好讀, 2020.3　面；　公分. -- (經典智慧；67)

ISBN 978-986-178-514-1(平裝)

123.1　　109001364

好讀出版

經典智慧67

觀人經

填寫線上讀者回函
獲得更多好讀資訊

原　　著／劉邵
譯　　註／曾珮琦
總 編 輯／鄧茵茵
文字編輯／莊銘桓
行銷企劃／劉恩綺
發行所／好讀出版有限公司
台中市 407 西屯區工業 30 路 1 號
台中市 407 西屯區大有街 13 號（編輯部）
TEL:04-23157795 FAX:04-23144188 http://howdo.morningstar.com.tw
（如對本書編輯或內容有意見，請來電或上網告訴我們）
法律顧問　陳思成律師

讀者服務專線／ TEL：02-23672044 / 04-23595819#213
讀者傳真專線／ FAX：02-23635741 / 04-23595493
讀者專用信箱／ E-mail：service@morningstar.com.tw
網路書店／ http：//www.morningstar.com.tw
郵政劃撥／ 15060393（知己圖書股份有限公司）
印刷／上好印刷股份有限公司
如有破損或裝訂錯誤，請寄回知己圖書更換

初版／西元2020年3月1日
初版三刷／西元2022年11月10日
定價：300元
如有破損或裝訂錯誤，請寄回知己圖書更換

Published by How-Do Publishing Co., Ltd.
2022 Printed in Taiwan

ISBN 978-986-178-514-1